PARÁBOLAS PARA EL CRECIMIENTO PERSONAL
Cuentos para tu viaje de sanación

PARÁBOLAS PARA EL CRECIMIENTO PERSONAL

Cuentos para tu viaje de sanación

◆ ◆ ◆

MELINDA REINICKE

Segunda Edición

Copyright © 1993, 2021 por Melinda Reinicke.
Segunda Edition.
Todos los derechos reservados.

Esto se publicó originalmente en inglés con el título de Parables for Personal Growth, como una publicación de la autora en los Estados Unidos de América. Esta traducción no puede ser reeditada o reproducida por ningún tercero en ninguna forma sin el permiso expreso por escrito del Editor. Ninguna parte de esta publicación puede ser reproducida o distribuida en cualquier forma o por cualquier medio o almacenada en cualquier base de datos o sistema de recuperación sin el permiso previo de la Autora.

Editora
Esly Regina Souza de Carvalho, PhD.
Presidente, TraumaClinic Group

Arte de la Portada
Arte de Raquel Carvalho Hoersting
Portada de Raquel Verano

Layout
Caio Entreletras
Gabriel Peixe

Traducción
Camila Barrientos
Revisión de Irene Owen

ISBN: 978-1-941727-85-0

1. Parábolas - Uso terapéutico   2. Técnicas de autoayuda.

TraumaClinic Edições.
SEPS 705/905, Ed. Santa Cruz, Sala 441 - Asa Sul.
CEP 70390-055 - Brasília – DF / Brasil
www.traumaclinic.com.br
info@traumaclinic.com.br

PARA AQUELLOS QUE PELEAN CONTRA
DRAGONES Y CONTRA LA OSCURIDAD

Todos los personajes en este libro (menos el Gran Rey) son ficticios. Cualquier otra similitud con personas o sucesos reales es mera coincidencia.

La intención de este libro es enriquecer, no reemplazar, cualquier terapia grupal o individual que pudieras estar realizando.

CONTENIDOS

PRESENTACIÓN 13

UN VIAJE A TRAVÉS DE LAS PARÁBOLAS 15
Sugerencias para tu viaje con las parábolas.

◆

EL DRAGON 21
Comportamiento autodestructivo
Un príncipe lucha contra su adicción a los vuelos
secretos con un dragón destructivo.

LA DAMA DE COMPAÑÍA 29
Codependencia
Una dama real no logra liberar a su príncipe amado del dragón.
En cambio, encuentra verdadera libertad para sí misma.

EL VUELO DEL DRAGÓN 39
Recuperación de la recaída
Después de recaer en los vuelos del dragón, el príncipe hace
un trágico descubrimiento que le salva la vida.

◆

CASTILLO SEGURO I 49
Niño interior
Expulsando a todos de su castillo, una princesa vive adentro, con las rejas cerradas.
Su vida cambia cuando encuentra a una niña encerrada en la mazmorra.

CASTILLO SEGURO II 57
Límites
¿Podrán aprender a convivir la niña que confía en cualquiera
y la princesa que excluye a todos de su vida?

◆

ESPEJITO, ESPEJITO 65
Autoconcepto
Un espejo hechizado por el mal le hace creer a una princesa hermosa que es grotesca, hasta que ella descubre su verdadera identidad.

◆

LA PINTURA 73
Depresión y angustia
El dragón arruina la obra de arte del pintor, pero el artista desesperado encuentra un inusual remedio que enfurece al dragón.

◆

OGRO 81
Enfrentando los miedos
Un viajero temeroso es tragado vivo por un ogro aterrorizador, pero descubre que el resultado no es lo que esperaba.

◆

LA CASA DEL DUENDE I 89
Familias disfuncionales
Los niños sobreviven en una familia con un padre abusador y una madre tímida. Los habitantes del pueblo sospechan que el padre es mitad duende, y el hijo mayor debe aprender a lidiar con su propia naturaleza de duende.

LA CASA DEL DUENDE II 99
Liberación de los roles de una familia disfuncional
El hijo mayor regresa a casa para enfrentar a su padre como adulto.

LOS SABIOS 107
La victimización de los cultos religiosos o de la psicoterapia
Como hombre joven, el hijo menor viaja a conocer a "los sabios", para lograr conocimiento de la vida, pero aprende más de lo que ellos habían planeado.

◆

DANZA EN LA OSCURIDAD 115
Pérdida de la niñez
El tío de una niña princesa la engaña para que se ponga su camisón mágico, mientras baila con ella en la quietud de la noche. Avergonzada, oculta el camisón roto y sucio, sin siquiera imaginar que podría ser restaurado.

ESPERANZA EN LA DESOLACIÓN 125
Escapando de nosotros mismos
Ya adulta, la princesa huye de su matrimonio arreglado y se encuentra con la mujer sabia de las hadas en un lugar desolado.

LÁGRIMAS EN LA LUZ... 135
Recuperación del abuso infantil
La princesa emprende una difícil búsqueda para romper los hechizos impuestos por su tío hace mucho tiempo en su vestido de bodas.

◆

MAREA 143
Ataques de pánico
Enredada en una red, una sirena descubre el secreto para sobrevivir.

◆

EL FESTIVAL DE LOS ELFOS DEL BOSQUE 151
Sistemas familiares
El festival en el bosque es interrumpido por discusiones entre los elfos sobre la forma correcta de bailar.

EL LARGO VIAJE 159
Pidiendo perdón
Los amigos que viajan juntos a veces deben separarse.

LA BATALLA DEL PANTANO 167
Pérdida y duelo
Guerreros élficos luchan por sobrevivir en un pantano de duendes merodeadores.

◆

LA MALDICIÓN 177
Lidiando con nuestro lado oscuro
Mientras continúa el sitio al castillo del hechicero, los guerreros
del Gran Rey dudan de la sabiduría de su liderazgo.

EL VIAJE CONTINÚA 185
Tejiendo tu propia historia
Hay una parábola mágica en tu vida.

◆

APÉNDICE 1. 189
Exploración de las parábolas para un grupo de apoyo

APÉNDICE 2. 193
Los doce pasos de la recuperación
Los doce pasos de Alcohólicos Anónimos

RECURSOS RECOMENDADOS 195

SOBRE LA AUTORA. 197

RECONOCIMIENTOS. 199

PREFACIO

Dragones y caballeros, hadas y duendes, un Gran Rey que es tan misterioso como lo es bueno... estas historias llenan las páginas de este libro de emoción, compasión y verdad. A veces es difícil confrontarnos con la verdad, pero muchos hemos aprendido, a medida que leemos estos relatos de dificultades y logros, de compromiso y victoria, que la verdad realmente nos hace libres.

Nos hace libres para tomar nuevas y mejores decisiones, pero día a día, un minuto a la vez; es un viaje que dura toda la vida y nos lleva hacia los confines de un reino misterioso que conocemos demasiado bien y que, sin embargo, muchas veces sobrepasa nuestra capacidad de discernimiento y restauración.

Escuché la historia del dragón directamente de boca de Melinda en 1995, y el amor que despertaron en mí estos cuentos nunca ha disminuido. Con su permiso, traduje tres de las historias y me encontré con un público tan conmovido y sanado por ellas, que llegaban a raudales las solicitudes de acceso al libro completo. Pero el mundo editorial era muy diferente en ese entonces...

Muchos años y varios idiomas más tarde, después de haberme mudado a distintos países con mi esposo, estas historias regresaron para bendecirme. Cuando se hizo accesible la posibilidad de publicar en nuevos formatos revolucionarios, comencé otro viaje: el de trabajar con Melinda para traducir el libro al español y al portugués. A veces sentía que también estaba luchando contra gnomos encantados y duendes hechizados, en tiempos en que cada una de nosotras enfrentaba obstáculos personales y profesionales que empantanaban nuestro trabajo.

¡Pero estoy muy feliz de decir que el Gran Rey por fin ha ganado la batalla! El sol brilla y las hadas están tejiendo las palabras mágicas en nuevos idiomas, en un nuevo fluir de príncipes y caballeros, reinas y princesas, niñeras sordas y espejos hechizados. La adicción nunca se verá igual después de haber enfrentado al dragón. El abuso sexual se nos explica de manera hermosa y triste a la vez. Y ahora, hay un espejo que siempre pedirá una segunda mirada.

Estamos dando rienda suelta a la magia final del Gran Rey, para que su poder alcance nuevos reinos. Le pido a Dios que estos cuentos sean de bendición tanto para el lector como para el oyente, a medida que cada uno de nosotros va encontrando su lugar en el mundo mágico de la sanación y la recuperación.

Esly Regina Carvalho, Ph.D.
Presidente, Grupo TraumaClinic
(También conocida como el Hada Madrina de esta edición)

UN VIAJE A TRAVÉS DE LAS PARÁBOLAS

En estas páginas, en un reino mítico no tan alejado de tus propias luchas internas, encontrarás viajeros que te acompañarán en tu transitar. Un príncipe noble que cae en poder de un dragón destructivo te permite sentir el proceso de recuperación del comportamiento autodestructivo. En otra parábola, un espejo encantado le hace creer a una princesa que se ve grotesca. Con el tiempo, ella descubre su verdadera identidad.

Estas parábolas no solo nos ayudan a ver nuestras heridas, sino que también nos muestran cómo arreglar lo que está roto. Hay algo en la parábola que susurra a nuestro corazón y nos ayuda a interiorizar la verdad en nuestra vida. Sentimos las emociones de la historia, captamos la dificultad del camino por recorrer, y nos llevamos las imágenes de la parábola para que nos motiven en las elecciones que enfrentamos.

Escritas para adultos embarcados en un viaje de crecimiento personal, estas parábolas hablan tanto al corazón como a la mente. Comportamiento autodestructivo, codependencia, trabajo con el niño interior, límites, depresión, autopercepción, pérdida de la infancia, recuperación del abuso infantil, interacciones familiares disfuncionales, miedos, ansiedad, victimización, el perdonar y dejar ir, la pérdida y el duelo: muchas de estas son realidades, si no para ti personalmente, entonces para alguien que amas. Incluso hay problemas que, en la superficie, parecen no tener nada que ver contigo, pero que tienen paralelos en tu propia vida. Tu dragón puede no ser la adicción o la compulsión, pero conoces las garras del comportamiento autodestructivo. Puede ser que tu tío no haya bailado contigo en la oscuridad, pero sí te has sentido traicionado por un ser querido.

De manera similar, el género de los personajes principales varía, pero las verdades valen para cualquier género. Hay muchos codependientes masculinos, muchas mujeres que han sido víctimas propiciatorias de sus familias, y muchos hombres que han sido abusados de niños.

Las parábolas son particularmente útiles para abrir sentimientos que han sido bloqueados. Así que pregúntate, a medida que vivas la parábola: "¿Qué estoy sintiendo? ¿Qué parte de la historia activó este sentimiento? ¿Cuál es el paralelo en mi vida personal?"

Cada parábola viene acompañada de una sección para la reflexión personal. Estas páginas te van involucrando, a través de la escritura, los dibujos, la imaginación, la meditación y otras experiencias diseñadas para guiarte hacia una mayor plenitud. No dudes en saltear aquellos ejercicios para los que no te sientes listo. Y si en algún momento te sientes abrumado por los recuerdos o las emociones desencadenados por una parábola, por favor habla con un buen amigo o un consejero.

Dado que todo viaje es mejor cuando se va acompañado, podrías pensar en compartir las parábolas con un amigo, un padrino en un grupo de Doce Pasos, o un grupo de apoyo. El libro se presta tanto para el trabajo individual como para la exploración grupal. Para más información sobre el uso grupal, consultar el Apéndice 1.

Aunque seas un ávido lector de libros de autoayuda, las parábolas muchas veces te llegan de una manera en que los libros de estilo más expositivo no logran hacerlo. O quizás no disfrutas de la lectura y los principios de la recuperación no te son familiares. Las parábolas te hablarán del crecimiento personal de una manera fresca, sin aburrirte o abrumarte con "psicologismos."

Quizás seas un viajero novato, que hace poco ha descubierto el camino hacia una mayor plenitud. Estás ansioso por saber qué hay por delante y cómo llegar allí. Algunos de ustedes puede que sean viajeros más experimentados, pero sienten que les vendría bien algo de apoyo durante este largo viaje. Al fin y al cabo, es un viaje que nunca termina. Cuánto más tiempo viajamos, más se fortalecen nuestras almas heridas, menos nos tropezamos con las trampas de la vida, y más apreciamos la belleza que nos rodea. Espero que estas parábolas te ayuden a disfrutar de tu propio viaje maravilloso.

Melinda Reinicke

En una dimensión mítico, no muy lejos de tus propios desafíos internos . . .

EL DRAGÓN

Había una vez un gran y noble Rey cuya tierra era aterrorizada por un astuto dragón. Como un ave de caza masiva, la bestia escamada se deleitaba en devastar a las aldeas con su aliento de fuego. Sus malhadadas víctimas huían de sus casas incendiadas, solo para ser arrebatadas por las mandíbulas o las garras del dragón. A los que eran devorados instantáneamente se los consideraba más afortunados que aquellos a los que el dragón llevaba a su guarida para devorar luego a su antojo.

El rey condujo a sus hijos y sus caballeros en muchas valientes batallas contra la serpiente. En cada batalla herían al dragón y este se retiraba a su guarida, oculta en la parte más profunda de las montañas. Mientras se recuperaba, el reino gozaba de un tiempo de paz. "Sean valientes," le decía el rey a su pueblo. "Algún día el dragón será vencido."

Cabalgando solo en el bosque durante un período de calma, uno de los hijos del Rey escuchó que alguien susurraba su nombre, bajito y suave. En las sombras de los helechos y los árboles, enroscado sobre las rocas, yacía el dragón. Sus ojos de párpados pesados se clavaron en el príncipe y su boca reptiliana se estiró en una sonrisa amistosa.

"No te asustes," dijo el dragón, mientras unos hilitos de humo gris surgían perezosamente de sus fosas nasales. "No soy lo que piensa tu padre."

"Entonces, ¿qué eres?" preguntó el príncipe, desenvainando cautelosamente la espada, mientras tiraba de las riendas para impedir que el caballo, temeroso, se desbocara.

"Yo soy placer," dijo el dragón. "Cabalga sobre mi espalda y experimentarás más placer del que jamás hayas imaginado. Vamos, ven. No tengo malas intenciones. Busco un amigo, alguien que quiera volar conmigo. ¿Alguna vez has soñado con volar? ¿Nunca has querido planear por entre las nubes?" La luz del sol se reflejaba con brillo tornasolado sobre las escamas verde metálico del dragón. "Trae tu espada si deseas, por seguridad, pero te doy mi palabra de que nada malo te pasará."

Un poco dubitativo, pero imaginando cómo sería volar por encima de las colinas cubiertas de bosques, el príncipe se apeó del caballo. El dragón desplegó una gran ala membranosa para que sirviera como rampa a su espalda rugosa. Entre las proyecciones espinosas, el príncipe encontró un asiento seguro. Las alas de la criatura chasquearon dos veces y los lanzaron hacia el cielo. Una vez en vuelo, el dragón planeó por el aire sin hacer esfuerzo alguno, llevado por las corrientes del viento. La aprensión del príncipe se derritió en asombro y euforia.

A partir de ese momento, el príncipe visitaba frecuentemente al dragón, pero en secreto, porque ¿cómo podría contarle a su padre, a sus hermanos, o a los caballeros que se había hecho amigo del enemigo? El príncipe se sentía separado de todos. Las preocupaciones de ellos ya no eran sus propias preocupaciones. Hasta cuando no estaba con el dragón, pasaba menos tiempo con sus seres queridos y más tiempo a solas.

Se le formaron callos en la piel de las piernas, de tanto aferrarse a la espalda rugosa del dragón, y sus manos se volvieron duras y ásperas. Empezó a usar guantes para ocultar su dolencia. Después de muchas noches de vuelo, descubrió que le estaban saliendo escamas en el dorso de las manos también. Aterrado, se dio cuenta del destino que le esperaba si continuaba, y decidió no volver a ver al dragón jamás.

Pero después de dos semanas, torturado por el deseo, lo buscó nuevamente. Y así muchas veces más. No importaba cuán fuerte era su determinación, con el tiempo el príncipe se veía atraído hacia el dragón, como si lo tironearan las cuerdas de una telaraña invisible. Silenciosa y pacientemente, el dragón siempre esperaba.

Una noche fría y sin luna, su excursión devino en una incursión sobre una aldea dormida. El dragón iba prendiendo fuego a los techos de paja mediante ráfagas de fuego que salían de sus fosas nasales, y rugía de placer cuando sus víctimas aterrorizadas huían de sus casas incendiadas. Descendiendo en picada, la serpiente eructó de nuevo y las llamas envolvieron un grupo de aldeanos histéricos. El príncipe cerró con fuerza los ojos, tratando de no ver la matanza, pero los gritos de agonía y el olor a carne quemada lo asediaban. El largo cuello del dragón serpenteaba espasmódicamente, mientras iba triturando huesos y devorando a sus presas asadas. El príncipe sintió una arcada y se aferró penosamente a su asiento espinoso.

En las horas previas a la madrugada, cuando el príncipe regresaba sigilosamente de sus encuentros con el dragón, el camino al castillo de su padre normalmente permanecía vacío. Pero esta noche, no. Los refugiados aterrorizados se volcaban en manada hacia los muros protectores del castillo. El príncipe caminó entre mujeres andrajosas con sus niños que aullaban de dolor por las heridas producidas por las garras del dragón. Algunas víctimas, demasiado heridas como para caminar, iban transportadas en carretas o arrastradas sobre improvisadas camillas.

El corazón del príncipe estaba roto. El dolor de la gente trajo lágrimas a sus ojos y vergüenza a su alma. "¿En qué me he convertido?" se preguntó. En ese momento quiso, con más desesperación que nunca, ser libre del dragón. Quizás su padre, con toda su sabiduría, podría ayudarlo. Pero el príncipe temía que la verdad hiciera que su padre lo odiara. Seguramente lo desheredaría, lo expulsaría, o hasta lo condenaría a muerte.

El castillo era un hervidero de actividad frenética en la atención de los refugiados que se agolpaban en el patio. El príncipe intentó pasar inadvertido por entre la multitud para encerrarse en sus aposentos, pero algunos de los sobrevivientes lo miraban y lo señalaban.

"Él estuvo ahí," gritó una mujer. "Lo vi montado en la espalda del dragón." Otros asentían, furiosos. Horrorizado, el príncipe vio que su padre, el Rey, estaba en el patio sosteniendo en brazos a un niño ensangrentado. El rostro del Rey reflejaba la agonía de su gente, cuando su mirada se encontró con la del príncipe. El hijo huyó, esperando poder escapar en la oscuridad, pero los guardias lo aprehendieron como a un ladrón común. Lo trajeron al salón principal, donde ahora su padre estaba sentado solemnemente sobre el trono. De todos los costados, la gente despotricaba contra el príncipe.

"¡Expúlsalo!" dijo uno de sus propios hermanos, enojado.

"¡Azótalo!"

"¡Quémalo vivo!" gritaron otras voces.

El Rey se levantó del trono; las manchas de sangre de los heridos brillaban oscuras sobre su ropaje real. El público hizo silencio, a la expectativa de su decisión. El príncipe, que no soportaba mirar a la cara a su padre, fijó los ojos en las baldosas del piso.

"Quítate los guantes y la túnica," le ordenó el Rey. El príncipe obedeció lentamente, con terror de que su metamorfosis fuera a quedar al descubierto ante el reino. ¿No era suficiente ya su vergüenza? Había deseado que la muerte fuera rápida, sin más humillación. Las expresiones de repulsión se propagaron por la multitud cuando vieron la piel gruesa y escamada del príncipe, y la rugosidad que le crecía a lo largo de la columna.

El Rey avanzó hacia su hijo y el príncipe se armó de valor, preparándose a recibir un contundente puñetazo, aunque su padre nunca lo había golpeado.

Pero en vez de esto, el padre lo estrechó en sus brazos y lloró mientras lo abrazaba con fuerza. Asombrado e incrédulo, el príncipe hundió la cara en el hombro de su padre, quien le dijo: "¿Deseas ser libre del dragón, hijo mío?"

El príncipe le contestó, desesperado: "Lo he deseado muchas veces, pero no hay esperanza para mí."

"Si estás solo, no la hay, "dijo el Rey. "Solo, no puedes vencer a la serpiente."

"Padre, ya no soy tu hijo. Soy mitad bestia," sollozó el príncipe.

Pero su padre respondió: "Mi sangre corre por tus venas. Mi nobleza siempre ha estado sellada en lo profundo de tu alma. Nada te la puede quitar."

Con el rostro aún oculto en el abrazo de su padre, el príncipe oyó al Rey que instruía al pueblo: "El dragón es astuto. Algunos caen víctimas de sus artimañas y otros de su violencia. Habrá misericordia para todos aquellos que deseen ser libres. ¿Quién más de entre ustedes ha volado con el dragón?"

Al levantar la cabeza, el príncipe vio que alguien emergía de la multitud. Para su asombro, se trataba de un hermano mayor, uno que había sido condecorado en todo el reino por sus valientes embates contra el dragón y por sus muchas buenas obras. Vinieron más personas, algunas llorando, otras cabizbajas por la vergüenza. La hermana, conocida por su talento para el canto, se acercó y entre lágrimas se quitó los zapatos para revelar las escamas espinosas que tenía en los pies.

El Rey los abrazó a todos.

"Esta es nuestra arma más poderosa contra el dragón," anunció. "La verdad. Ya no más vuelos secretos. Solos, no le pueden hacer frente. Juntos prevalecerán, porque sacarán fuerzas el uno del otro. Los que piensan que son inmunes a las trampas del dragón, tengan cuidado de no ser los próximos en caer. Ustedes, los que están atrapados, tendrán que desear ser libres más que volar con el dragón. La batalla será larga y feroz. Con el tiempo, serán más las veces que elijan en contra del dragón que a su favor, hasta que finalmente no lo visitarán más."

"¿Desaparecerán también las escamas?" preguntó la hermana, mirándose los pies descalzos.

"No, hija mía," respondió el Rey tiernamente. "Pero con el tiempo, se atenuarán. Y algún día, cuando el dragón por fin haya sido muerto, todo rasgo de las escamas desaparecerá."

"¡Muerte al dragón!" gritó alguien de la multitud y se alzó una gran voz de ánimo, diciendo a coro: "¡Muerte al dragón! ¡Que viva el Rey!"

Reflexion Personal

Las partes de la parábola que me conmovieron son...

_____
_____
_____
_____
_____

Cuando leí estas partes sentí...

_____
_____
_____
_____
_____

Situaciones parecidas en mi vida son...

_____
_____
_____
_____
_____

Mira un vídeo sobre la parábola de El dragón en www.youtube.com/watch?v=6haX7K55TKo

Todos luchamos con comportamientos autodestructivos que nos enredan como un dragón astuto. En el siguiente espacio, dibuja dos imágenes. No te preocupes por la habilidad artística. Simplemente dibuja libremente, como lo hacías de niño.

Yo en la sombra del dragón

Yo liberado del dragón

Grupos de doce pasos y la confianza en un poder superior

El apoyo de un grupo de Doce Pasos es inestimable. Estos grupos ofrecen reuniones gratuitas para cualquier tipo de dragón que haya estado en tu vida: Alcohólicos Anónimos, Narcóticos Anónimos, Comedores Compulsivos Anónimos, Adictos Sexuales Anónimos, Jugadores Anónimos, Celebremos la Recuperación, y muchos más. Te encontrarás con personas que entienden tu lucha y que en su recuperación son consolados por un compasivo Poder Superior. No puedes vencer al dragón si estás solo y avergonzado.

Si tienes dudas, no decidas ahora si quieres asistir o no. Tu meta en este momento es simplemente buscar en línea un lugar de reunión que te quede cerca y que puedas considerar como posibilidad

LA DAMA DE COMPAÑÍA

Una multitud exuberante les dio la bienvenida a los caballeros que regresaban de la batalla. Habían herido de gravedad al dragón. Habría paz en la tierra mientras la criatura se escondía en lo profundo de su guarida, lamiéndose las heridas. Lamentablemente, se había perdido un majestuoso corcel, víctima de las mandíbulas del dragón, pero esta vez los caballeros no habían recibido ningún golpe mortal. Maltrechos y desgarrados, descabalgaron en el patio. Los pajes se adelantaron presurosos para quitarles las armaduras a sus señores.

La princesa caminó por entre la multitud, supervisando la curación de las heridas, porque era conocida en toda la tierra por su habilidad en atender a los heridos y a los enfermos. Su mirada se posó en una venda mal colocada, en la mano de un caballero.

"Nadie ha atendido tu herida," se disculpó, apoyando su canasta de hierbas medicinales.

"Hay otros que tienen más necesidad de atención," dijo él.

"Se los está atendiendo." Quiso tomarle el brazo, pero él lo apartó. Él era un desconocido para ella, uno de los caballeros mandados por el Gran Rey para ayudar a los hombres de su padre en la pelea contra el dragón.

"Ven aquí," lo reprendió, pensando que se trataba del típico guerrero que lucha valientemente en batalla, pero luego huye del ardor del ungüento.

"Ya me atendí solo," explicó.

Sin dejarse disuadir, ella le tomó el brazo con firmeza, para desenrollar la tela empapada en sangre que envolvía su mano. Pero la piel que quedó a la vista cuando le sacó la venda la detuvo. El tajo en la mano atravesaba escamas endurecidas y encostradas. La otra mano la tenía escondida en un guante.

Así que este era uno de los hijos del Gran Rey que había sido engañado y había montado el dragón. Ella había oído historias del escándalo: cómo los que habían sido seducidos y habían montado el dragón, con cada encuentro furtivo se iban pareciendo más a una bestia; cómo el Rey había perdonado a todos los que habían sido atrapados; y cómo estos valientemente intentaban romper con el dragón y darle batalla donde fuera que atacara.

En silencio, tomó una barrica de agua para enjuagar la herida y luego le aplicó un ungüento. Ahora entendía su renuencia a que lo ayudara. Apenas podía imaginar la carga de vergüenza que llevaba el hombre. Mientras le colocaba una venda limpia, arriesgó una mirada hacia su cara intacta. Era una cara atractiva, de ojos amables. Por un momento, ella vio en ellos gratitud, pero en un instante su rostro destelló en enojo y se alejó raudamente.

Curiosa, hizo averiguaciones y supo que tenía buena reputación entre los guerreros. A la noche, durante el banquete, él charló sueltamente con muchos invitados, incluso con las doncellas que le coqueteaban, pero ella estaba totalmente segura de que la estaba evitando. Decidió hablar con él en privado, y al día siguiente le solicitó que se presentara ante ella, en la galería de un jardín donde estaba tejiendo un tapiz en su telar.

"Señora," la saludó él educada pero fríamente.

"Buen príncipe, ¿en qué te he ofendido para que me trates con tan poca amabilidad?" le preguntó agradablemente.

"¿Cuándo no he sido amable, mi buena señora?" La miró de reojo.

"Al evitar tener una conversación conmigo."

"No pensé que querrías preocuparte por mí." Su boca se tensó en una expresión de enojo mal disimulado.

"¿Quién no querría ser amigo de un caballero tan noble y valiente?"

"Y escamado." El príncipe la desafió, como empecinado en alejarla de él.

"Las escamas son solamente mayor evidencia de tu coraje. He oído que la batalla por dejar atrás los vuelos con el dragón es la más dura de todas."

"Solo porque la pelean los hombres débiles," dijo.

"Te juzgas demasiado severamente."

"Tú no sabes qué clase de hombre soy." Su mirada se perdió en la lejanía.

"Entonces cuéntame."

El príncipe la miró a los ojos. "Cuando mi mente no está ocupada, me asalta el recuerdo de los vuelos. El ansia de volver a volar es un hechizo constante en mi vida. Cuando duermo me invaden los sueños de vuelos y las pesadillas de que las alas palmeadas son mías. Y a veces la pesadilla no parece horrible, sino más bien mi paz final. Ya no me tendría que resistir. Simplemente me rendiría y me permitiría convertirme en bestia. Esa es la clase de hombre que soy. Así que, señora mía, le pido que tenga a bien sentir asco por mí, ya que eso me resulta menos humillante que la pena."

"No me das pena, señor," rebatió ella.

"Lo vi en tus ojos cuando vendaste mi herida."

"Estás equivocado. Tampoco me das asco. ¿No hay ninguna esperanza de que seamos amigos?" La princesa sonrió, procurando desarmar su antagonismo.

Él reaccionó sorprendido. "Perdóname por haberte juzgado injustamente." Cautelosamente, le devolvió la sonrisa.

Al cabo de un año, estaban comprometidos. Aunque el compromiso había durado más de lo normal, solo la pareja sabía el porqué. Las escamas del príncipe seguían atenuándose, a medida que él se resistía a volar con el dragón. Él postergó la boda porque deseaba poder amar a su novia con un cuerpo lo más parecido posible al de un hombre. Sus corazones se unieron aún más durante los meses de espera.

Después de la ceremonia, ella fue a vivir con el príncipe al castillo del Gran Rey, y su felicidad no tuvo límite. Pero pasado un tiempo, la princesa percibió una sombra de melancolía en el rostro de su marido, o a veces, una distancia en sus ojos.

Así que se propuso prodigarle más amor. Supervisó los preparativos de sus comidas favoritas; le cosió túnicas reales, las más finas que se hubieran visto en todo el reino. Escribió baladas sobre su valentía, les puso música maravillosa y se las cantó delante de sus amigos.

Pero muchas veces, a la noche, él le daba la espalda y se dormía sin siquiera una caricia. Ella se preguntó en qué le había fallado. ¿Acaso otra doncella le había robado el corazón? Para reconquistarlo, la princesa se trenzó el cabello con cintas nuevas. Se puso sus mejores vestidos y se perfumó la piel. Se quedó a su lado cuando tenían invitados, y puso toda su atención cada vez que él hablaba.

Finalmente, una noche le preguntó, con lágrimas en los ojos: "¿Qué pasa? ¿Por qué estás tan alejado de mí?"

"No pasa nada," le aseguró él. "Nunca me he sentido más feliz. Te estás imaginando cosas porque extrañas tu hogar. Vuelve a tu casa por un tiempo y visita a tu familia."

"Quizás tengas razón," asintió ella.

Cuando regresó de la visita, él se apartó cuando ella se acercó para abrazarlo. Había algo en sus ojos que le recordó la vergüenza y el enojo que había visto cuando se conocieron.

"Esposo mío, seguro pasa algo. ¿Qué he hecho para ofenderte?"

"Acabas de llegar y ya estás fastidiando como una niñera," le reprochó, enojado. "Me casé para tener una esposa, no una mamá."

"Perdóname. Dime lo que quieres, y lo haré."

"Deja de hacerme preguntas. No pasa nada, salvo que no dejas de hacerme preguntas."

Esa noche cuando él se durmió, ella se acurrucó silenciosamente contra su espalda para poder abrazarlo sin despertarlo. Sintió una deformidad a lo largo de su columna. Deslizó la mano debajo de su camisa de dormir y la retiró abruptamente al sentir la punzada de las escamas puntiagudas y rugosas que habían crecido durante su ausencia. Por fin entendió. Él había caído nuevamente en poder del dragón. Ahora que sabía quién era el enemigo, le podía dar pelea. No dejaría que se encontrara con el dragón esa noche. Silenciosamente, para no despertarlo, sacó de su ropero una cinta bien resistente y ató con ella sus manos. Luego amarró la cinta al pilar de la cama y esperó.

Cuando la luna amarilla se elevó en la noche oscura, él despertó y maldijo al ver sus ataduras.

"¿Qué es esto?" reclamó. "¿Estás loca, mujer?"

"No tienes que verte con el dragón," le dijo ella para tranquilizarlo. "Yo te ayudaré."

"Eres una mujer insensata. Me levanto para ir al baño."

"Te traeré una bacinilla. Te traeré todo lo que quieras. Te amo."

"Entonces desátame," exigió.

"No te dejaré ir," juró ella.

Él la miró fijo a los ojos con tanto odio que le desgarró el corazón. Rasgando con los dientes la cinta anudada, logró liberarse. Ella le suplicó que se quedara, pero él salió del dormitorio, furioso.

La noche siguiente, cuando él ya dormía profundamente, ella sigilosamente colocó un candado en la bisagra de la puerta. Cuando la luna se elevó en el cielo nocturno, él se levantó de la cama y se encontró con la puerta cerrada con llave. Enfurecido, la tomó con fuerza y hurgó en sus manos.

"¿Dónde está la llave?"

"Yo te mantendré a salvo del dragón, aquí conmigo. No tienes que luchar contra la atracción del dragón tú solo. Yo te ayudaré. Te amo."

Él la empujó para hacerla a un lado y estragó el cuarto hasta encontrar la llave oculta.

La princesa lo siguió hasta el pasillo, intentando desesperadamente tomarlo del brazo.

"Aléjate de mí," le gritó él, tirándola contra la pared mientras se alejaba. Ella quedó sollozando sola en el pasillo vacío.

◆

Temprano por la mañana fue presurosa a hablar en privado con su suegro. El Gran Rey siempre se tomaba tiempo para estar con ella, tratándola como si fuera su propia hija. El Rey escuchó, apesadumbrado, mientras ella derramaba su dolor como agua.

Cuando él no respondió inmediatamente, ella lo presionó: "¿Cómo vas a asegurarte de que no vuelva a dejar el castillo esta noche? ¿Mandarás caballeros para que lo sujeten o lo encierren en la mazmorra?"

"Ninguna de las dos cosas. Mi hijo debe tomar sus propias decisiones." La tristeza le surcaba el rostro.

La princesa no pudo contenerse. "¡Tienes que hacer algo antes de que lo perdamos! No puedes quedarte quieto y dejar que se autodestruya. Si lo amaras como lo amo yo, lo detendrías." Las lágrimas de amargura rodaban por sus mejillas.

El Rey la miró profundamente a los ojos. "Algunas heridas deben mantenerse abiertas para que sanen."

"No lo abandonaré cuando más me necesita." Y se retiró de la presencia del Rey.

Cuando habían pasado dos días y el príncipe aún no había regresado al castillo, la princesa reunió a otros para acompañarla a buscarlo, a caballo. Sus gritos resonaron por cañadas arboladas y bosques de montaña, sin recibir respuesta. Después de muchos días, solo la princesa continuaba buscándolo. Los demás intentaron disuadirla, pero ella no hizo caso. Le parecía que no podía contar con nadie. Y mucho menos con el Gran Rey. Él no se había unido a la búsqueda ni una sola vez.

Una tarde en el bosque enmarañado, sus gritos recibieron respuesta desde el interior de una cueva, pero no se trataba del príncipe. Un duende de mirada lasciva se lanzó hacia ella desde la oscuridad. Como de la nada, uno de los caballeros del rey apareció blandiendo su espada e hizo que la sibilante criatura huyera.

Recuperándose del susto y dirigiendo su caballo temeroso hacia el caballero, la princesa reclamó: "¿Hace cuánto tiempo me estás siguiendo? ¿Y quién te mandó? ¿El Rey?"

"Mi señora, por orden del Rey, he estado siguiéndote desde que empezaste a buscar tú sola."

"Dime," le dijo ácidamente, "¿por qué se preocupa el Rey por mi seguridad cuando se niega a proteger a su propio hijo del dragón?" El caballero no supo responder a su pregunta.

El deber del caballero pronto llegó a su fin, cuando el invierno y la nieve encerraron a todos en el castillo. La princesa lloró por su esposo y temió que estuviera muerto o viviendo como una bestia en alguna oscura cueva. Lloró al recordar la risa que habían compartido en sus tiempos de felicidad y la ternura de su fuerte abrazo. Durante meses, su corazón no tuvo canciones para cantar y cuando finalmente alzó la lira, solo emanaron de su boca canciones de lamento. En su telar tomó forma un tejido de colores oscuros y lúgubres.

Se encerró en sí misma y veía a poca gente. Evitaba especialmente al Rey. Pero, una mañana, saliendo de su cámara para ver el amanecer en el jardín, lo encontró parado allí, como si la estuviera esperando. Quiso darse la vuelta e irse sin hablarle, pero terminó quedándose.

No dijeron ni una palabra mientras el amanecer, con sus ondas de nubes rosadas, se extendía a lo largo del horizonte. Luego las lágrimas de la princesa brotaron sin control.

"Toda mi vida," sus palabras salían a borbotones, entre sollozos, "he traído sanación allí donde había dolor. Pero cuando la persona que más amé me necesitaba, no logré protegerlo del peligro."

El Rey le rodeó los hombros con un brazo consolador. "No le has fallado. El príncipe tiene que buscar la sanación por sí mismo. Así como solo tú te puedes sanar de tu propia angustia."

Caminaron en silencio por un rato, hasta que el Rey le preguntó tiernamente: "¿Has comido ya esta mañana?"

La pregunta le resultó un poco irritante. El haber comido o no era de muy poca importancia en comparación con la tragedia del príncipe. "Últimamente no he tenido mucho apetito."

Él extendió el brazo hacia las ramas de un árbol y le alcanzó una fruta madura.

"Tienes que alimentarte, mi niña."

Por cortesía, ella tomó un mordisco de la fruta, sin hallar en ello ninguna alegría.

El Rey sonrió. "Había una vez una mujer amable que le daba de comer a mucha gente hambrienta. Ella se debilitó mucho porque nunca se tomaba el tiempo para comer. Un día se dio cuenta: 'Necesito sentarme a comer con mis invitados; si no lo hago, no voy a poder cuidar de nadie'."

Él continuó: "En el mismo sentido, había una vez una mujer misericordiosa que tejía los tapices más hermosos de todo el reino. Los regalaba todos, para brindarles felicidad a los demás. Un día se dijo: 'No sería egoísta de mi parte decorar mis propias paredes vacías.'"

La princesa adivinó que alguien le había contado que ella siempre regalaba los tapices que tejía. Porque en verdad, los únicos tapices colgados en las cámaras de su hogar estaban viejos y desgastados; y eran de ancestros fallecidos hace ya tiempo.

Durante los siguientes días, reflexionó sobre las palabras del Rey, mientras ojeaba su telar inactivo. Allí estaba el oscuro y triste tapiz, a medio tejer. Una mañana, tomó un hilo morado y tejió un diseño sobre el estampado sin vida. A medida que crecía el tapiz, un consuelo inesperado comenzó a crecer dentro de ella.

En las siguientes semanas, brotaron del suelo descongelado las primeras flores. Pensaba retornar a su casa cuando se secaran las calles llenas de barro, aunque sabía que podía quedarse si quería. Tenía la esperanza de verlo al príncipe libre del dragón más adelante, pero por ahora, eligió no esperar más.

El día de su partida la familia de su esposo se acercó al carruaje para desearle todo lo mejor.

Al final, el Rey le dejó una canasta de fruta en el asiento. "Para tu viaje," le dijo.

Ella sonrió agradecida. "Gracias por tu bondad hacia mí, de tantas formas. No fue fácil para mí escuchar tu sabiduría, pero la he tomado a pecho. Tengo un nuevo tapiz entre mis pertenencias en el carruaje. Sé exactamente dónde me va a dar placer colgarlo en mis cámaras."

Reflexión Personal

Las partes de la parábola que me conmovieron son...

_____
_____
_____
_____
_____
_____
_____

Cuando leí estas partes sentí...

_____
_____
_____
_____
_____
_____
_____

Situaciones parecidas en mi vida son...

_____
_____
_____
_____
_____
_____

Para nutrirme

El duelo y la conmoción de amar a alguien que sufre una adicción pueden ser abrumadores. Como le sucedió a la princesa, no puedes arreglar al adicto en tu vida, pero sí puedes traer sanación al dolor de tu propia vida. Los grupos de apoyo de Alcohólicos Anónimos organizadas para las parejas ofrecen reuniones separadas de los adictos. Te sentirás apoyado por otros que están en el mismo viaje y que pueden ayudarte a evitar los escollos del camino.

Aun sin estar en una relación con un adicto, algunas personas se enfocan tanto en las necesidades de los demás que pierden de vista sus propias necesidades. Las personas de gran corazón que descuidan su autocuidado pueden terminar exhaustas y deprimidas. Encontrar un equilibrio entre el tiempo para los demás y el tiempo para ti mismo es fuente de vida.

¿Qué actividades relajantes y refrescantes has descuidado para ti mismo?

Elige una actividad para programar pronto, ya sea solo/sola o con un amigo sano.

Los amigos sanos tienen conversaciones bidireccionales acerca de las vidas de ambos. Hablan de cosas interesantes y no solo de sus problemas. Se ríen y se divierten juntos mientras comparten alguna afición.

Si no tienes un amigo así, ¿conoces a alguien con quien podrías salir y pasar tiempo, para ver si podría llegar a florecer entre ustedes una amistad?

Para seguir aprendiendo

"Codependencia" es un término utilizado para referirse a alguien que está involucrado por demás en las vidas de los demás.
Los libros de Melody Beattie, Ya no seas codependiente y Mas allá de la codependencia, están llenos de formas prácticas para nutrirte y nutrir a otras personas de manera saludable.

EL VUELO DEL DRAGÓN

El príncipe voló montado en la enorme espalda del dragón. La vida era mucho más fácil ahora que ya no regresaba al castillo de su padre. Ya no importaba cuán parecido a una bestia se iba haciendo. Volando desde el atardecer hasta el amanecer y durmiendo durante el día dentro de la cálida guarida invernal del dragón, hacía lo que se le daba la gana sin tener que responder a nadie.

Las piernas se le arquearon. La cara se le fue llenando de escamas, hasta que la nariz se le convirtió en un hocico de dientes afilados y prominentes. La espalda le dolía cuando se erguía, así que iba agachado hacia delante, para estar más cómodo.

Un crepúsculo de primavera, mientras navegaba las corrientes de viento, montado sobre el dragón, lo envolvió un dolor increíble. Fue como si la piel de los hombros y de la espalda se estuvieran partiendo en dos. El príncipe cayó hacia adelante, aferrándose al cuello del dragón para no caer y morir durante las convulsiones. El dragón giró la cabeza para ver cómo iba su carga y sonrió, porque sabía lo que estaba sucediendo; retorció violentamente el cuello, para hacer caer al príncipe.

Conmocionado y en pánico, el príncipe cayó por el aire hasta que, milagrosamente, unas alas se desplegaron a su alrededor. Su caída se convirtió en zambullida, y finalmente aterrizó, aturdido. Las alas palmeadas se doblaron prolijamente sobre su espalda. Las alas le pertenecían. Estirándolas hacia ambos lados para revisarlas, el príncipe se sintió extrañamente satisfecho. La metamorfosis ya era completa. Ya no necesitaba al dragón para volar; por fin era completamente autosuficiente.

Cuando aterrizó a su lado, el dragón desplegó ufano una de sus alas y ronroneó: "Nunca serás tan grande como yo, pero esto abrirá muchas oportunidades de pasarla bien en el aire. ¡Vamos pues! Despega."

El príncipe sacudió las alas y se elevó tambaleante hacia el cielo. Pero su alegría duró poco, porque el dragón se abalanzó sobre él, tajeándolo y rasguñándolo con deleite.

"¿Qué haces?" gritó el príncipe, incrédulo y furioso, mientras esquivaba un zarpazo.

"Me estoy divirtiendo inmensamente," sonrió el dragón. "¿Pensaste que lo único que quería era llevarte de acá para allá? He estado esperando con ansias este momento desde el principio."

El príncipe intentó esquivar un golpe intencional del ala del dragón, pero no pudo. Se precipitó por el aire por un rato antes de lograr recuperar el control. Lo que siguió fue un juego de gato y ratón, de zambullidas y persecuciones, hasta que, cansado y ensangrentado, el príncipe voló a esconderse en el bosque.

A partir de ese momento, intentó volar cuando el dragón no estaba a la vista. Sin embargo, como si tuviera un sexto sentido, la bestia aparecía y se divertía atormentándolo sádicamente. Aun durante el día, el dragón emergía rápidamente de su guarida cada vez que el príncipe se arriesgaba remontar vuelo hacia el cielo.

Y así, el príncipe se vio limitado a los matorrales del bosque. La necesidad de volar iba aumentando hasta llegar a una intensidad insoportable y una vez más, se arriesgaba a un altercado con el dragón. Después de uno de estos momentos en el aire, fugaz e insatisfactorio, y por el cual pagó muy caro, el príncipe buscó refugio en el bosque, sumido en una profunda desesperación. El dolor físico de su cuerpo desgarrado y del ala rota que iba arrastrando, era tan fuerte como el abatimiento de su alma. Dormía intermitentemente y se levantaba sintiendo punzadas de hambre, que se sumaban a todas sus demás aflicciones. Pero, incapacitado por sus heridas, no podía apresar nada para comer. Los animales del bosque ya eran demasiado veloces para él.

Un día, sus oídos percibieron un sonido de alboroto y tintineo. Olfateó que se acercaba un ser humano. Arrastrándose por la ladera desde donde se veía el camino del bosque, espió a un hojalatero que se aproximaba, cargando en la espalda un paquete gigante de mercadería. Aquí había una presa lo suficientemente lenta como para cazarla.

Maniobró hacia un lugar propicio para la emboscada y se abalanzó sobre el viajero, tirándolo al piso. Sentado sobre el estómago del hojalatero, y gruñendo en anticipación de la matanza, el príncipe perdió coraje cuando vio el terror del rostro del hombre. La idea de desgarrar un cuello humano le produjo náuseas, aunque ya se había acostumbrado a comer carne cruda de animales. Tiró al hojalatero a un costado y volvió al bosque, resoplando y gimiendo en su miseria.

En ese momento, pensó en volver al castillo de su padre. Allí le darían comida y refugio, si es que los caballeros no lo mataban por error en cuanto se acercara a las almenas del castillo. Hasta ese destino sería mejor que una muerte lenta en el bosque.

Ya había transcurrido medio día para cuando llegó al confín del bosque y se encaminó al castillo. Oyó que los centinelas daban la voz de alarma cuando lo detectaron y vio a los caballeros ubicarse en el camino, en posición de combate, para darle batalla a la amenaza que se acercaba.

Tropezando y con pocas fuerzas, siguió adelante, arrastrando su ala herida.

Con aprensión, los caballeros esperaron la orden de atacar de parte de su comandante, un hermano mayor del príncipe.

"¡Por todos los santos!" exclamó un caballero. "Este dragón no será difícil de despachar. Ya está casi muerto."

"Y no es mucho más grande que un hombre," añadió otro.

El príncipe fijó los ojos en los del comandante y dijo con voz ronca: "Hermano, ayúdame."

Con el ceño fruncido, el hermano espoleó su corcel y se acercó a la criatura que yacía en el camino. Abruptamente, hizo girar al caballo y les gritó a los caballeros: "Traigan una camilla para llevarlo al castillo. Es mi hermano menor que ha regresado."

Por un momento, las lágrimas le nublaron la vista al príncipe, pero mientras lloraba, sintió que una mano reconfortante le apretaba el hombro. Cuando trajeron la camilla, se acurrucó sobre ella y cerró los ojos para no ver los rostros estremecidos de la gente reunida en el patio. Imaginó que a su paso, las mujeres ahogaban expresiones de espanto. Los niños salían corriendo, aterrorizados, a ocultarse bajo las faldas de sus madres. Volvió a abrir los ojos cuando el golpe sordo de las rejas al cerrarse y el sonido del agua que caía le anunciaron que estaba en un patio interno privado.

Allí, sus hermanos lavaron sus heridas en la ancha fuente. Sus hermanas trajeron ropa limpia para cubrirlo y cuidadosamente hicieron pasar sus alas por los tajos que cortaron en la parte de atrás de la tela. Se sintió aliviado al ver que su esposa no estaba presente y supo que ella había regresado con su familia hacía ya mucho tiempo. En la privacidad de sus propias recámaras, comió la comida que le trajeron, hasta saciar su hambre. Cuando entró su padre, el Rey, el llanto nuevamente lo abrumó y le impidió hablar. Exhausto, durmió, con su padre sentado al lado de la cama.

♦

Mientras iban pasando los días, el príncipe recuperó fuerzas y se quedó encerrado en su recámara, por temor a dar un espectáculo. Se paraba en la ventana por las noches, cuando el patio se vaciaba del habitual bullicio. El aire de la noche soplándole en la cara le despertó el deseo de volver a volar. Agitó su ala herida para probar su firmeza y se dio cuenta de que probablemente podría planear desde la ventana hasta las baldosas del patio sin ser detectado. El castillo dormía. Saboreó su corto vuelo bajo la luz de la luna y luego, sintiendo un vacío en el alma, subió las escaleras para regresar a su recámara. A pesar de que la leña quemaba en el hogar, el cuarto parecía inusualmente sombrío, como si una nube hubiera oscurecido la luz de la luna. El príncipe se echó para atrás, espantado, cuando vio que la oscuridad de la ventana abierta se movía y que el ojo del dragón, cubierto por su pesado párpado, lo miraba desde afuera. La bestia colgaba de la pared del castillo, como una enorme cucaracha.

"Vuelve a salir," canturreó el dragón en su voz baja y melodiosa. "Te he extrañado."

"¿Me crees un imbécil?" respondió el príncipe.

"Quizás yo haya sido demasiado bullicioso en nuestras juergas pasadas," se disculpó el dragón. "A partir de ahora tendré más cuidado."

"¡Vete! No quiero tener nada que ver contigo," declaró el príncipe firmemente, tratando de reprimir un deseo creciente de creerle al dragón.

"Ven," dijo la criatura, con un ronroneo profundo, como el llamado de una prostituta, y el príncipe se acercó, ambivalente, a la ventana. Quizás sería diferente esta vez. Pero, ¿y si no? Y sin embargo, siempre le quedaría la duda si no se animaba a averiguarlo.

Otra voz le habló desde atrás. "Tú sabes la verdad."

El príncipe se dio vuelta y vio a su padre parado en la arcada de la puerta de la recámara. Sintió que el resentimiento le brotaba como bilis a la garganta.

"La verdad es que no he tenido nada que ver con el dragón durante estas largas semanas, pero sigo pareciendo una bestia, igual que antes. Mis escamas no se han atenuado esta vez. ¿Deberé vivir así toda la vida?" El príncipe extendió sus brazos y sus alas, para exhibirlas.

"Las escamas no se atenuarán hasta que quitemos tus alas." Las palabras del padre produjeron terror en el corazón del príncipe.

Afuera de la ventana, el dragón se volvió a acomodar e, irritado, exhaló una ráfaga de fuego. "¡Deja este lugar! Ahora perteneces más a mi familia que a la de él."

El príncipe se volvió hacia su padre. "Si no puedo volver a ser humano, déjame ir."

"Si no deseas volver a sentirte completo, vete," dijo el Rey, solemnemente.

Una vez más, el príncipe desplegó las alas palmeadas y luego, angustiado, se inclinó ante su padre. "Toma tu espada y córtamelas."

El dragón resopló indignado y se lanzó estrepitosamente hacia al aire de la noche. Su partida echó ráfagas de viento frío por la ventana.

"Córtalas rápidamente," rogó el príncipe, "antes de que pierda coraje."

"No se pueden cortar," explicó serio el Rey. "Se tienen que arrancar."

"Haz lo que tengas que hacer."

"Párate y agárrate fuerte de mí," dijo el Rey, mientras rodeaba a su hijo con los brazos. Con ambas manos, el Rey tomó con firmeza la base de un ala y jaló firme y cuidadosamente. Los tendones del ala se desgarraron de los músculos de su espalda, y un aullido monstruoso escapó de labios del príncipe. Aunque el dolor lacerante lo había dejado casi inconsciente, el príncipe sintió que las manos de su padre tomaban el ala que quedaba.

"¡No!" Se alejó de un tirón, y cayó de rodillas. Cerca de él, en el piso y a la luz titilante del hogar, yacía la primera ala. Desde la carne de su base sangrienta, unos zarcillos largos de tendón se enroscaban y se retorcían, como gusanos recién sacados de la tierra. El príncipe dio un grito ahogado de revulsión al ver lo que había estado albergando en su cuerpo. "Saca la otra," susurró, y aunque ya no podía pararse, rodeó con sus brazos la cintura de su padre.

◆

Durante largos días, mientras se sanaban las heridas abiertas en su espalda, el príncipe fue atendido por sus hermanos y hermanas. Algunos de ellos habían montado el dragón en el pasado. Algunos admitían que aún luchaban con él, pero ver lo que le había pasado al príncipe los fortalecía en su abstinencia.

Cuando pudo sentarse erguido, pidió papel y tinta para escribirle a su esposa. Durante su convalecencia, había dado vueltas y vueltas en la cama, arrepentido de lo groseramente que la había tratado. No le pidió que lo perdonara: escribió solamente para enumerar sus muchas ofensas contra ella y para contarle de su remordimiento. No tenía ningún derecho a esperar que ella regresara. Aunque sentía una inmensa tristeza, el despachar la carta trajo a su alma una melancólica paz. Había otras personas a las que les tenía que pedir perdón, pero a nadie había tratado peor que a su esposa. Recién ahora podía ver claramente cómo la había castigado a ella por sus propias debilidades.

Un día de verano, una hermana entró a su recámara, pletórica de emoción. "¡Tu esposa ha venido al castillo!" exclamó, esperando que él se alegrara, pero no fue así.

"No quiero verla," dijo, apesadumbrado. "No después de todo lo que ha sucedido. No la puedo ver…"

"Pero ella está aquí." Mordiéndose el labio, la hermana señaló hacia la entrada de la recámara. Su esposa estaba parada en el umbral, en silencio, con una mezcla rara de emociones en el rostro.

Inmediatamente, el príncipe le dio la espalda. Oyó que la hermana se excusaba, para retirarse y dejarlos solos, y luego oyó la voz de su esposa.

"No voy a golpear a la puerta de tu corazón para que me dejes entrar, como hice antes. Si deseas que me vaya, lo haré."

Él giró para mirarla a los ojos. "Buena señora, por favor quédate." Ella se acercó, extendiendo una mano tierna hacia su mejilla reptiliana. Él apenas la podía sentir bajo la piel gruesa y escamada. "No merezco tu perdón," dijo.

"Puede ser, pero no quiero que repitamos antiguos patrones de comportamiento, tú sintiéndote avergonzado y yo tratando desesperadamente de arrancarte ese sentimiento. Ya hemos tenido bastante con la vergüenza y la culpa. Son prendas pesadas que ya no me pondré, y que no quiero verte usar a ti tampoco. Dejémoslas a un lado para ponernos ropa nueva, los dos."

"Me temo que no será tan fácil cambiar nuestros hábitos," dijo el príncipe, apesadumbrado.

"Sin duda ambos vamos a tener que poner mucho esfuerzo," asintió ella.

◆

Con el correr del tiempo, su hocico se aplanó lentamente y volvió a tener, de a poco, un rostro humano. Con los años, las escamas se ablandaron y se atenuaron, hasta que solo se veían algunos rastros muy débiles. Por cierto, hubo momentos de tentación para el príncipe, pero nunca más volvió a montar al dragón.

Podía detectarlo fácilmente cuando otros quedaban atrapados, como en el caso de un hermano menor que, aparentemente, salía a cazar con su halcón. Pero el príncipe sabía cuál era su verdadera intención. Reconocía el hambre en los ojos de su hermano; conocía demasiado bien la inocente simulación en el rostro del joven. Era una simulación que él mismo había fabulado, muchas veces.

"Hermano, no vayas," dijo el príncipe.

"¿De qué estás hablando? Es un día perfecto para cazar," sonrió el hermano mientras ajustaba el cincho de su cabalgadura.

"Los dos sabemos que lo que buscas es al dragón."

"Y si es así, ¿qué?" De repente el joven se puso hosco.

"Acuérdate de lo que pasó conmigo."

"No dejaré que se descontrole tanto." El hermano montó su caballo y tomó al halcón de su posadero.

"El cambio llega de repente para algunos, sin previo aviso," dijo el príncipe.

"No," rebatió el hermano. "No paso tanto tiempo con el dragón como para que me pase. No tiene nada de malo hacer un buen paseo de vez en cuando. El dragón es mi esclavo." Rio confiadamente y espoleó su caballo hasta el medio galope.

El príncipe lo vio irse y sacudió la cabeza con tristeza, rogando que su hermano pronto viera la verdad.

Reflexión Personal

Las partes de la parábola que me conmovieron son...

Cuando leí estas partes sentí...

Situaciones parecidas en mi vida son...

Volar con el dragón

Pararse frente a la ventana abierta llevó al príncipe a volar nuevamente. Cuando sientas el tironeo de la atracción que te lleva a volver a un comportamiento adictivo, pregúntate si hay alguna situación que actúa de disparador. Explora las emociones que estás sintiendo y cómo puedes satisfacer esas necesidades sin recaer. Los programas de recuperación muchas veces utilizan la palabra MESC para que te preguntes si sientes Miedo, Enojo, Soledad, o Cansancio. La adicción promete adormecer las emociones incómodas. Durante la recuperación, te permites sentir la emoción incómoda y eliges una forma saludable de nutrirte. Por ejemplo, llamar a un amigo o a un patrocinador cuando te sientes solo, en lugar de beber. Escribir en un diario o mirar una película cuando estás enojado, en lugar de beber.

¿Estoy sintiendo…?

Miedo

Enojo

Soledad

Cansancio

Lo que realmente necesito en este momento es:

Como sucede al arrancar las alas de dragón, quitar las raíces de la adicción puede ser doloroso. Los 12 Pasos te guían para identificar pensamientos, emociones y acciones negativas que sabotean tu vida. La curación de estos le permite vivir la vida plenamente.

Dedícale tiempo a un excelente cuaderno de ejercicios de recuperación como A Gentle Path through the 12 Steps: For All People in the Process of Recovery de Patrick Carnes, Ph.D. Doce pasos y doce tradiciones está disponible como PDF gratuito o como audiolibro gratuito en *https://aa.org/*. *http://aaserenidadtrupe.org/libro/doce-pasos-y-doce-tradiciones.pdf*

CASTILLO SEGURO I

Una bella y amable princesa vivía sola en un castillo cuyo único portón estaba asegurado desde adentro y cuyo puente levadizo estaba firmemente levantado contra las almenas.

El castillo había estado alguna vez lleno de familiares, vasallos, siervos e invitados, pero la princesa había expulsado a todos. Cuando los echó, juró que nunca más dejaría que la gente fuera y viniera libremente por su castillo.

Lloraba mientras trabajaba en la reparación de los daños que habían provocado. Jardines de flores arruinados por pies poco cuidadosos. Tapices arrancados de las paredes y arruinados en medio de juergas de borrachos. Había otras posesiones preciadas que ya ni siquiera estaban, porque habían sido robadas por gente en la que ella confiaba.

"¿Cómo pudiste ser tan tonta como para creer que siquiera uno de ellos te quería?" se regañaba enojada, mientras seguía trabajando.

De vez en cuando, algún merodeador cruzaba el foso, intentando escalar las almenas con sus cuerdas, pero los gruesos muros eran demasiado altos para que los intentos tuvieran éxito. La princesa vivía segura en su fortaleza, con un gato común y silvestre como única compañía.

Cada día, agradecida, absorbía la soledad que la rodeaba, mientras trabajaba en la restauración de su santuario. La luz del sol se iba reflejando lentamente a lo largo del patio, hasta que llegaban las sombras y el aire traía el olor de las comidas que se cocinaban en los fogones humeantes de la aldea cercana. Cuando la princesa acababa sus quehaceres del día, atizaba su propio fuego para preparar una sopa para ella y para su gato.

Como la mayoría de los gatos, este se comportaba como si fuera el señor del castillo y toleraba ciertas indignidades tales como que lo levantaran o lo acariciaran. A diferencia de otros de su especie, le encantaban el pan y el guiso caliente que le servía la princesa. Miraba atentamente mientras llenaba la pequeña vasija, y luego se la llevaba en la boca, para comer en algún otro lado, en majestuosa privacidad.

Cuando caía el atardecer y llegaba la noche, la princesa subía la angosta escalera de piedra que llevaba a su recámara, con una vela en la mano para alumbrarse el camino. Durante la noche, el viento del este soplaba lúgubre contra las torres vacías del castillo.

Una noche, a la hora de comer, la princesa, para entretenerse, decidió seguir al gato para ver en qué lugar prefería disfrutar su banquete. ¿Se sentaría en el alféizar de la ventana, con vistas al valle oscuro? O tal vez le gustaba el salón de guerra donde las armaduras y las lanzas vestían las paredes. Pero no: el gato desapareció por una escalera en caracol que llevaba a las mazmorras.

"No te seguiré por ahí," dijo la princesa con desagrado. "Sin duda debes cazar alimañas allí abajo."

"Me pregunto," se dijo, "si realmente come el guiso y el pan o si solamente los usa como cebo para atrapar roedores. Si es así, bien podría darle comida rancia." La curiosidad la llevó a seguir bajando los anchos escalones de piedra, hacia el calabozo.

El aire húmedo y mustio le penetró las fosas nasales incluso antes de que la escalera se ensanchara en una amplia superficie subterránea. Oyó un ruido de crujido y de correteo sobre la paja dispersa por el piso desnivelado. Frunciendo la nariz ante la idea de las desagradables criaturas que se escabullirían de la luz parpadeante, la princesa sostuvo su falda con la mano que tenía libre, antes de seguir adelante. Los barrotes de hierro de una celda a su izquierda creaban sombras movedizas, y la princesa alcanzó a ver allí al gato gris. Acercándose, vislumbró una figura más grande al lado del gato. Exclamó, sorprendida, cuando la luz de la vela reveló unos ojos humanos que la miraban fijamente. Era una niña, tan aterrada como lo estaba la princesa, aferrando al gato cerca de su pecho, como para protegerse de algún mal.

"¿Cómo llegaste aquí?" preguntó la princesa, furiosa.

La niña se encogió de miedo, pero no habló.

"¡Respóndeme!" Era el decreto imperial de una princesa.

"Alguien me encerró aquí cuando los echaste a todos," sollozó la niña.

Incrédula, la princesa se acercó más a los barrotes de la celda. "¿Cómo puede ser? ¿Qué has estado comiendo durante tantos días tan largos?"

"Sir Thom me trajo comida," dijo la niña, abrazando más fuerte al gato. El animal se retorció en un intento de recuperar algún grado de decoro, y luego se liberó dando un salto y se sentó a una distancia prudencial, lejos del alcance humano. La niña se veía sucia y desaliñada; tenía el cabello enmarañado y apelmazado, y la ropa sucia hecha jirones. Aunque estaba aliviada de que la niña no hubiera entrado por algún pasaje secreto, de todas maneras, la princesa no estaba complacida de tener una invitada.

"Ven," ordenó la princesa, tomando una llave de la pared. "Te sacaré de aquí y del castillo."

"No," exclamó la niña. "¡Fuera del castillo no!"

"Puedes irte a la aldea —queda cerca— y encontrar a tus padres."

"No tengo padres. Siempre he vivido en el castillo. Por favor no me eches," rogó la niña con un lamento que produjo fuerte eco en el calabozo.

"¡Basta ya con ese ruido!" Muy irritada, la princesa esperó impaciente al lado de la puerta oxidada. "¡Sal de ahí, ahora!"

La niña le respondió solo con un gemido y se retiró a lo más profundo de la celda. La princesa sabía que, si utilizaba la fuerza, significaría tener que tocar el cuerpo de la niña lleno de piojos, y no quería saber nada con eso.

"Veo que no nos ponemos de acuerdo." Trató de mantener la calma. "Muy bien. No te echaré del castillo esta noche. Así que sal de la celda."

La niña respondió a la voz más amable y salió, vacilante. Escaleras arriba, obedientemente, la sucia niña desamparada tomó un baño caliente en una gran olla de cobre cerca del hogar. La princesa le trajo un vestido sencillo de un viejo baúl donde guardaba la ropa de su infancia. Después de una abundante comida, la acostó. La princesa tenía toda la intención de echar a la niña al día siguiente.

A la mañana, la despertó el sonido de una risita fantasiosa. Yendo a la ventana, vio a la niña que estaba bailando en el patio lleno de sol, mientras canturreaba una melodía pegadiza y sin fin.

"¿Qué estás haciendo?" preguntó la princesa adustamente.

"Me gusta el sol," fue la avergonzada respuesta de la niña, sumisa.

"Ven adentro. Es hora de desayunar."

"Sí, mi señora."

Sir Thom los acompañó hasta el hogar, pero esta mañana no demostró ningún interés por la comida.

"No te preocupes." La niña reconfortó a la princesa, al observar la preocupación de su rostro. "Él come muchos ratones en las mazmorras, pero no las patas y las colas. Deben tener gusto a cartílago."

"No hables de esas cosas mientras estoy comiendo," ordenó la princesa.

El silencio duró solo un rato, hasta que la niña empezó a tararear, durante y entre bocados de avena. La princesa la regañó con la mirada y ella se calló. Después de unos momentos, la niña volvió a romper el silencio. "Me sentía muy sola en la mazmorra. ¿Tú no te sientes sola?"

"No."

"¿Por qué no?"

"Tengo muchas cosas que hacer. Hoy voy a asear las recámaras del ala este."

"¿Puedo ayudar?" El entusiasmo de la niña la llevaba a sentarse en el borde de la silla.

"Supongo que sí," asintió la princesa, pensando que le vendría bien la ayuda y que podría echarla del castillo más tarde. Así que trabajaron juntas en las recámaras del ala este, y la pequeña niña comentó que era terrible que la gente hubiera creado semejante desorden y que entendía por qué la princesa los había expulsado a todos. Y, mientras trabajaba, la niña iba cantando rimas graciosas para entretenerse. La princesa casi sonrió un par de veces al oír lo que cantaba.

La luz del día se estaba yendo para cuando terminaron la limpieza. Ya era demasiado tarde para echar a la niña. Después de que hubieran cenado juntas, la princesa se sentó al lado del hogar del salón principal, mirando cómo la niña abrazaba a Sir Thom y le cantaba canciones. Desparramado en su regazo, de vez en cuando el gato estiraba una pata hacia el pelo ensortijado de la niña.

"Déjame trenzarte el pelo," le dijo la princesa a la niña, para su propia sorpresa, y el rostro de la niña brilló de alegría. La princesa la peinó cuidadosamente, deshaciéndole los nudos del cabello con suavidad, porque recordaba los tirones que le daba su niñera cuando la peinaba. Luego le hizo una larga trenza, empezando desde la parte superior de la cabeza. Cuando terminó, la niña bailó elegantemente por todo el salón. Para ella, cada sencillo placer era una ocasión para celebrar.

La princesa se había olvidado cómo se sentía la risa. Permitió que la niña se quedara el día siguiente, para seguir ayudándola a limpiar el ala este del castillo. La niña saltaba y brincaba en la entrada, donde la princesa le había advertido que se debía quedar mientras ella trapeaba.

"Déjame ayudar. ¿Qué puedo hacer para ayudarte?" fastidió la niña. Así que la princesa la mandó a buscar un balde de agua limpia. Cuando tardó en regresar, la princesa fue a buscarla.

En el patio, encontró a la niña luchando con la rueda de madera que bajaba el puente levadizo. Afortunadamente, la sólida reja de hierro seguía cerrada.

"¿Qué te piensas que estás haciendo?"

"Cuando iba al patio a buscar agua, oí que alguien llamaba para que lo dejaran entrar."

"¡Niña tonta! ¡Nunca, nunca debes dejar que alguien pase!"

"Pero me dijo que era un vasallo tuyo." La niña lloraba, frente a la furia de la princesa.

Trepando rápidamente a la torre que se elevaba sobre el portón, la princesa miró por la angosta ventana, justo arriba del visitante. "¡Vete de aquí o te echaré aceite caliente en la cabeza!" le anunció. Al oír semejante amenaza, el visitante rápidamente hizo girar el caballo sobre el puente levadizo y se alejó.

"Y pensar que lo hubieras dejado entrar," dijo la princesa, jalando la rueda con toda su fuerza para volver a subir el puente levadizo. "Él era uno de los peores de los borrachos que expulsé. Nunca volverá a pisar el castillo, durante el resto de mi vida. ¿Qué diablos he estado haciendo? Hasta había pensado en dejar que te quedaras, antes de que ocurriera esto."

"No sabía que era una mala persona. Por favor no te enojes conmigo," sollozó la niña, rodeando con sus brazos las piernas de la princesa. "Por favor deja que me quede aquí contigo. Te prometo que me portaré bien. "

La princesa sintió irritación al comprobar que su enojo se derretía. "Basta ya," le dijo, incómoda, alejando a la niña y sacudiéndose la falda, intentando recobrar la compostura. La niñita se paró a su lado, lloriqueando y mirándola con enormes ojos.

"Si quieres quedarte aquí, tienes que prometerme que nunca bajarás el puente levadizo y que nunca le abrirás esta reja a nadie," dijo la princesa, mirándola fijamente, para dar énfasis a sus palabras.

Asintiendo solemnemente con la cabeza, la niña selló el trato

Reflexión Personal

Las partes de la parábola que me conmovieron son...

_____
_____
_____
_____
_____
_____

Cuando leí estas partes sentí...

_____
_____
_____
_____
_____
_____

Situaciones parecidas en mi vida son...

_____
_____
_____
_____
_____
_____

El niño dentro de mí

Todos tenemos un niño interior. Es la parte de nosotros que carga los recuerdos de nuestra infancia. Es una parte de nosotros que juega y se divierte. Muchos adultos en recuperación advierten que ellos (o algún otro) han encerrado a su niño interior hace mucho tiempo. Para vivir una vida equilibrada, debemos recuperar nuestro pasado y volver a conocernos a nosotros mismos.

En dos hojas de papel, escríbete dos cartas distintas. Una desde el punto de vista del niño que fuiste, y una desde el punto de vista del adulto.

Carta de tu niño interior para ti, el adulto

Utilizando tu mano no dominante, escribe de tu ser niño a tu ser adulto. ¿Dónde está guardado ese niño interior? ¿Qué necesita de tu ser adulto esta otra parte, para sentirse seguro y nutrido? ¿Qué le gusta hacer a tu niño interior, para divertirse? ¿Tiene algún apodo o un nombre preferido? ¿Cuantos años tiene tu niño interior?

Carta de tu ser-adulto a tu niño interior

Ahora, con tu mano dominante, escribe una respuesta de tu ser adulto a tu ser niño. ¿Qué es lo que te gusta de tu niño interior? ¿Qué te hace sentir incomodo de tu ser niño? (Tal vez sean sus recuerdos dolorosos.) ¿Cómo te gustaría nutrir mejor a tu niño interior? (Esto puede incluir el ponerle límites amorosos a algún comportamiento que se ha salido de control.) ¿Cómo puedes jugar más?

¡Vamos, diviértete! Cómprate plastilina de colores, pinturas de dedo, burbujas, una pelota, o lo que más te guste. Tomar tiempo para jugar es una forma maravillosa de dejar que tu niño interior salga de la mazmorra.

Nutre a tu niño interior, siendo un buen padre para ti mismo. El libro Self Parenting de John K. Pollard te guía en este proceso. En su sitio web _www.selfparenting.com_ puedes explorar otros recursos que te pueden cambiar la vida.

CASTILLO SEGURO II

A regañadientes, la princesa tuvo que admitir que disfrutaba del charloteo tonto y de las gracias espontáneas de su joven amiga. Pero ¿cómo podía ser que una personita tan pequeña, que se pasaba el día moviéndose y saltando, tuviera tanta energía, hasta cuando llegaba la noche? Era muy irritante.

"Cuéntame otro cuento," rogó la pequeña desde la cama. El gato estaba acurrucado a su lado.

"Con dos es suficiente. Duérmete ya."

"Me gustan los que tratan de príncipes guapos que rescatan a princesas de dragones monstruosos. ¿Tú esperas que algún día un príncipe guapo venga a rescatarte?"

"No. Ahora duérmete," dijo la princesa, tapándose hasta el mentón con la colcha.

"¿Alguna vez ha venido un príncipe guapo s buscarte aquí al castillo?"

"Una vez." La princesa lo recordó con desagrado. "Acampó fuera de los muros durante semanas, jurando que no regresaría a su hogar si no me llevaba como su esposa. Cada día lo oía llamarme, tratando de convencerme de su amor por mí."

"¿Y era guapo y amable?" preguntó la niña.

"Así parecen todos al principio. Pero lo más probable es que él había oído de un castillo lleno de tesoros y quería adueñarse de él. Yo me mantuve lejos de las ventanas y nunca le hablé. Finalmente, abandonó la vigilia."

"Pero ¿cómo sabes si era de buen corazón o si era malvado, si nunca hablaste con él?"

"Nadie es realmente de buen corazón."

"¿Cómo puede ser eso?" La niña estaba confundida.

"Los que son malos hacen daño. Los que parecen ser de buen corazón se quedan parados y no hacen nada. Si eres sabia, no confiarás en nadie."

Con el ceño fruncido, la niña reflexionó sobre estas cosas. "Yo no sé reconocer a las personas malas. Tú no sabes reconocer a las que son buenas. Debe haber alguna manera de poder hacer ambas cosas."

"Creo que no."

"El Gran Rey nos podría decir," pensó la niña en voz alta. "Él sabe todo lo que es sabio y bueno."

"Pero su ciudad queda lejos y no tenemos forma de preguntarle," dijo la princesa, cansada. "Ahora duérmete."

◆

El día siguiente amaneció lleno de sol y ráfagas de brisas refrescantes.

"¡Ven al patio a jugar al escondite conmigo!" dijo la niña, jalándole insistentemente la falda a la princesa.

"Ahora estoy ocupada. No me molestes. Si te salieras con la tuya, nunca haríamos nada y la pasaríamos jugando todo el día."

"Solo por un ratito, ven afuera," rogó la niña.

"Muy bien. Pero después me tienes que ayudar con el trabajo."

Mientras se reían en el jardín, el viento les trajo las voces de gente que se acercaba al portón. Era una de las hijas del Gran Rey, acompañada de dos de sus hermanos, todos a caballo. Subiendo a la torre, la princesa podía verlos claramente al otro lado del foso.

"Amiga querida," llamó la hija del Gran Rey cuando la espió detrás de la angosta ventana. "Hemos oído que tu castillo fue saqueado, y hemos venido para ayudarte. Qué felices estamos de verte viva. ¿Estás bien? Hemos traído provisiones para tu despensa."

"Estoy bien. Por favor regresen a su casa y ya no se preocupen. Perdónenme por no extenderles la hospitalidad que muchas veces recibí en visitas que he hecho a su casa, pero ya no abro las rejas para nadie."

"También hemos traído leña y lienzo y lino para tejer, porque hemos oído que hay mucho por reparar. ¿Tienes necesidad de estas cosas?"

"Sí, pero no puedo dejarte pasar."

"Entonces te dejaremos las provisiones aquí, y cuando nos vayamos tú las puedes entrar. Dime qué más necesitas y te lo traeré en mi próxima visita."

"Eres demasiado amable, amiga. No te preocupes más por mí. Que tengan un buen viaje de regreso a su hogar." Con eso, la princesa se alejó la ventana mientras la niña, cuya altura apenas le permitía ver por la ventana, se esforzaba por lograr una última miradita a las visitas que se iban.

"Sería tan divertido tener invitados," dijo la niña, melancólicamente. "Les daría flores."

"Ellos probablemente las aplastarían."

"Les pediría que me dieran algo de beber de sus cantimploras."

"Lo más probable es que tuviera gusto amargo," advirtió la princesa.

"Cantaríamos juntos."

"Ellos seguramente cantarían sus propias canciones, pero no las tuyas."

"¿Cómo sabes que sería tan decepcionante? ¿Alguna vez te han causado daño?" La niña persistía, siguiendo a la princesa escaleras abajo hacia el patio.

"No, pero todas las personas son iguales. Es solo cuestión de tiempo antes de que te hagan daño."

"¿No podríamos invitarlos a que pasen, solamente una vez, para ver si son diferentes?"

"No."

"¿La próxima vez que vengan?" preguntó la niña con un último vestigio de esperanza.

"No regresarán, después de esa recepción tan hosca," respondió la princesa.

Pero se equivocaba, porque con el deshielo de la primavera, llegaron otra vez, trayendo comida, leña, lienzo, y lino para tejer.

De nuevo, la princesa les habló desde la ventana de la torre. "Estoy conmovida por su amabilidad. Por favor, no piensen que soy malagradecida, pero no los puedo dejar pasar."

Mientras tanto la niña, con la nariz a la altura del alféizar, de repente lanzó algo por la angosta ventana. Una flor cayó sobre la falda de la hija del Gran Rey. Ella sonrió, levantando el capullo a la cara para disfrutar de su fragancia, y luego alegremente colocó la flor en la trenza que le rodeaba la cabeza.

"¿Ves? ¡No la aplastó! ¿Podemos invitarla a que pase?" preguntó la niña, esperanzada, aunque veía la lucha en el rostro de la princesa.

"Está bien, pero solo al patio. Y los hermanos tienen que esperar afuera."

Entonces bajaron el puente levadizo y, a pesar de las dudas de la princesa, abrieron la reja por primera vez desde la expulsión. En cuanto pasó la invitada, bajaron nuevamente la pesada reja de protección.

"¿Qué has traído para beber durante el viaje?" preguntó la niña, saltando en un pie, mientras la invitada descabalgaba.

"Agua de una fuente fresca." La hija del Rey amablemente le alcanzó la cantimplora hecha de piel de cabra a la niña entusiasmada.

Sosteniéndola sobre la cabeza, la niña dejó que el agua chorreara por su cara y le cayera en la boca. "No es amarga," exclamó, bailando, y le alcanzó la cantimplora a la aprensiva princesa.

Las tres caminaron por el jardín, hablando y disfrutando de las flores recién florecidas.

"Conozco una canción acerca de un pájaro," dijo la niña, antes de arrancar con la melodía. La hija del Rey se unió al canto, harmonizando con ella, y luego le enseñó una nueva estrofa.

"Eres mucho más amable de lo que imaginábamos," exclamó la niña, mientras la princesa sonreía, avergonzada. Pero la hija del Rey se rio con cordialidad.

La hija del Gran Rey vino muchas veces a ver a la princesa y se sentaba en el jardín con ella. Ni un tallo fue quebrado; ni una planta fue pisoteada por la invitada. Así que, con el tiempo, la princesa hasta hizo pasar a su amiga al salón, para mostrarle cómo seguía la restauración.

Disfrutaron de muchas visitas, mientras los hermanos esperaban pacientemente puertas afuera. Luego, un día, la niña les lanzó flores por la ventana mientras la princesa giraba la rueda que abría la reja, para dejar pasar a la hija del Rey.

"¡Mira! ¡Ellos tampoco aplastaron las flores!" gritó la niña, tirando de la falda de la princesa y señalando a los jóvenes.

"No me importa. No pueden pasar," insistió la princesa.

"Pero se deben cansar de esperar a su hermana afuera tanto tiempo. Recorren un largo camino para protegerla en su viaje. Seguramente no te harían ningún daño. ¿No podríamos dejarlos pasar tan solo al patio, donde podrían descansar bajo la sombra de los árboles?"

"Hay árboles afuera donde pueden tirarse a descansar."

La niña resopló, exasperada. "Pero no podemos cantar canciones con ellos mientras están afuera."

"A mis hermanos realmente les gusta cantar," comentó la hija del Rey, mientras guiaba a su caballo por el puente levadizo.

"Por favor," rogó la niña. "Solo esta vez. Si hacen algo inapropiado, podrás expulsarlos. Pero, si no los invitas, nunca sabrás si son de buen corazón. Y no es que sean desconocidos. Ya sabes mucho acerca de ellos, por lo que nos ha contado la hija del Rey."

Mordiendo su labio en consternación, la princesa echó una mirada a los jóvenes, que le sonreían. "Quizás solamente esta vez. Pero solo hasta el patio."

Esa tarde, no solamente cantaron, sino que también uno de los hermanos contó historias de batallas con dragones y duendes, historias que la niña nunca había oído. El otro hermano tocó el laúd tan animadamente que hasta la princesa empezó a marcar el ritmo con los pies escondidos bajo la falda. A nivel del piso, el gato detectó el movimiento inusual, y pegó un salto como para atrapar un ratón. La princesa lo hizo a un lado.

Cuando los tres se fueron, la niña los saludó con la mano, tarareando una nueva melodía que acababa de aprender. "¿No estás contenta de haber dejado pasar a los hermanos?" le preguntó a la princesa.

"Son bastante amables, supongo."

"Y muy guapos," rio la niña.

CASTILLO SEGURO II

"No me he dado cuenta," dijo la princesa, pero comenzó a notar que pensaba mucho en los ojos del que tocaba el laúd.

Fiel a su promesa —y está bien que así haya sido—, las personas nunca más fueron y vinieron libremente por el castillo. La reja quedó cerrada y el puente levadizo quedó levantado, excepto para los invitados más selectos, los que no aplastaban las flores que se les lanzaban. Y a aquellos que no llevaban bebidas amargas se les permitió entrar a los jardines, donde cantaron canciones con la princesa y la niña. De estos invitados, solo a los más confiables se los invitaba al salón y a las habitaciones del castillo.

Así, la amable princesa y la pequeña niña permanecieron seguras, pero ya no solas.

Reflexión Personal

Las partes de la parábola que me conmovieron son...

_____
_____
_____
_____
_____

Cuando leí estas partes sentí...

_____
_____
_____
_____
_____

Situaciones parecidas en mi vida son...

_____
_____
_____
_____
_____

CASTILLO SEGURO II

¿Quiénes han sido expulsados del castillo?
Considera si algunas personas pueden haber sido expulsadas injustamente.

Patio y jardines
¿Cómo decides en quién confiar en este nivel intermedio de amistad?
¿Hay alguna persona peligrosa que necesitas ubicar al otro lado de la reja?

Salón y cuartos internos
¿En quién confías para tener bien cerca de ti?

¿Dónde puedes confiadamente ubicar a
tu Poder Superior en esta imagen?

Ejercer equilibrio al establecer límites personales te permite elegir con quién pasas el tiempo. Demasiada protección te deja muy seguro(a), pero solo(a). Muy poca protección te deja sintiéndote victimizado(a).

ESPEJITO, ESPEJITO

Nacida en una tierra oscura y devastada por la guerra, ella era la más pequeña, única hija del rey y la reina. Debido a las batallas, su padre y sus hermanos mayores pasaban poco tiempo en el castillo.

Al comenzar las guerras, creían que serían capaces de derrotar al hechicero y a su ejército. Pero, uno por uno, con el correr de los años, sus aliados en reinos vecinos fueron cayendo, hasta que solo quedaba en pie este único reino, un pequeño y debilitado enclave perdido en medio de los dominios conquistados por el hechicero.

Quedaba una última esperanza. Había rumores de un Gran Rey que vivía bien al norte y que tenía un poder mucho más fuerte que el del hechicero. Cuando la princesa tenía casi quince años, se envió una delegación a suplicar su ayuda. El reino sitiado esperaba, con corazón apesadumbrado.

¿Encontrarían los enviados secretos un pasaje seguro para atravesar territorio ocupado por el enemigo? ¿Por qué habría el Gran Rey de liberar caballeros para ir en su ayuda, siendo que no había entre ellos una alianza? Y para el caso, ¿existiría realmente el Gran Rey, o sería solo una quimera fabricada por todos los que sufrían la opresión del conquistador?

El poder oscuro del hechicero mantenía al cielo siempre cubierto, envolviendo todo de frío y de terror. Hacía años que la luz radiante del sol no calentaba la tierra. Las noches eran negras porque las espesas nubes sofocaban por completo la luz de la luna.

Una noche, al amparo de la oscuridad, una banda de gnomos deformes trepó silenciosamente desde las profundidades de las cisternas del castillo y, sin que nadie los viera, se deslizaron sigilosamente a la recámara de la princesa. Ella se despertó sobresaltada y vio que varios pequeños seres como ratones subían alborotadamente a su cama. Aunque abrió la boca para gritar, solo pudo emitir un susurro de grito y el cuerpo se le congeló de terror.

"¿Un gnomo te ha comido la lengua?" se burló uno de los intrusos, y los demás se rieron a carcajadas mientras se retorcían en malicioso júbilo a su alrededor. "No nos puedes traicionar, porque eres de los nuestros, una niña que cambiamos por la verdadera princesa cuando estaba en la cuna. ¡Así que deberías agradecernos por tu lugar de privilegio en la vida y recordar de dónde has salido!"

"Mira qué grande se ha puesto mi beba," resolló una vieja maliciosa de mirada lasciva. "Hervimos a la verdadera princesa bebé y te dimos a beber el caldo para que llegaras a tener el tamaño de un ser humano, pero sigues siendo de los nuestros."

Recuperando finalmente la voz y las fuerzas, la princesa gritó y saltó de la cama para correr a la recámara de su madre. Los guardias entraron raudos a la recámara de la princesa, pero no encontraron ningún rastro de los intrusos.

"Tuviste una pesadilla, nada más," la consoló la reina, abrazándola fuerte.

La mañana siguiente, como todos los días, la princesa fue hacia el espejo para cepillarse el cabello, y por primera vez, observó que su nariz era muy protuberante. De hecho, cuanto más se miraba, más fea le parecía, grande y chata, como la de un chancho. ¡Y sus ojos! Eran muy pequeños y parecían como hundidos, justo arriba de sus anchos pómulos. Cayó al piso llorando de angustia, segura ya de que sus visitas nocturnas no habían sido un sueño y de que lo que habían dicho era verdad. Se quedó todo el día en la recámara, llorando y negándose a ver a otras personas. Al atardecer se durmió, exhausta y deprimida, pero una vez más la despertó la grotesca banda de sinuosos gnomos.

"¡Eres de los nuestros!" cantaron con voz ronca, prendiendo los candelabros de la pared y bailando salvajemente por la recámara. "¡Vuelve a llamar a los guardias, y todo el castillo sabrá de tu linaje!" Hurgando entre sus pertenencias, provocaron estragos en la recámara hasta el amanecer, cuando se escabulleron nuevamente hacia su morada subterránea, llevándose todo lo que se les dio la gana. El olor de sus pequeños cuerpos putrefactos perduró en la recámara mucho tiempo después de que se hubieran ido. Cada noche, la princesa sufría este acoso, y durante el día se encerraba en sí misma, comiendo muy poco de la comida que le traían los sirvientes, preocupados. Las sobras las esparcían los estridentes gnomos en sus visitas nocturnas. Se lanzaban la comida entre ellos, eructando mientras comían y se hacían un gran festín.

A menudo, sacaban el espejo que la princesa había ocultado porque no soportaba mirarse en él. Obligando a la renuente princesa a pararse delante del espejo, se divertían señalando cada aspecto de sus rasgos en los que se parecía a los gnomos.

"¡Basta, basta!" gritó ella, cubriéndose la cara con las manos. "Basta, basta," repetían ellos, deleitándose en imitar burlonamente su ruego, porque sabían algo que la princesa no sabía: la imagen que estaba viendo era falsa. En su primera visita, antes de despertarla, los gnomos habían embrujado el espejo, haciendo que reflejara un semblante horrible para que ella creyera sus terribles mentiras.

Para cuando cumpliera quince años, iba a haber un banquete y una celebración en su honor. Aunque la princesa le rogó a su madre que cancelara los festejos, la reina no quiso saber nada.

"Has estado enferma en tu cuarto durante mucho tiempo, mi niña," dijo la reina. "A todos nos hará bien una celebración en estos tiempos difíciles."

"¿Cómo puedes ser tan cruel conmigo?" protestó la princesa, furiosa.

"¿De qué estás hablando?" preguntó la reina, incrédula.

"Es insoportable moverme entre la gente sabiendo que, en secreto, siente pena por mí y que se burla de mí."

"¿Por qué alguien habría de tenerte pena o burlarse de ti?" La reina estaba sorprendida.

"¡Porque soy fea!"

"Ridiculeces," dijo la reina, rodeando el rostro de la princesa con sus manos. "Eres hermosa."

En su corazón, pero no en voz alta, la princesa pensó: "No me miraría con tanta amabilidad si supiera la verdad acerca de mis orígenes."

En la fiesta de cumpleaños, la princesa llevó el cabello suelto a ambos lados de la cara, intentando ocultarla lo más posible. Con el mentón hacia adentro, miraba por entre los mechones solo cuando era necesario y evitaba la humillación de mirar a la gente a la cara. No tenía ningún deseo de ver allí una falsa amabilidad, la complacencia fabricada y brindada solo por ser ella miembro de la realeza.

Si bien su padre no podía abandonar la línea de combate, dos de sus hermanos habían vuelto a casa para descansar, junto con otros caballeros agotados. Una tensa alegría llenaba el salón del banquete, como si todos los presentes se preguntaran si este sería su último encuentro. Pero el sonido de los laúdes y los cornos animaba a los invitados a danzar en círculo, las manos entrelazadas en el aire.

"¿Hermosa señora?" preguntó el amigo de uno de sus hermanos, invitándola a bailar con él. Hacía mucho tiempo que ella lo consideraba el caballero más amable y guapo de todos, pero ahora se sintió dolida en lo más profundo por su crueldad. ¡Cómo se atrevía a burlarse de ella, llamándola "hermosa señora" delante de todos! Sintió que se sonrojaba de vergüenza ante las risillas que en su imaginación despertaría en los invitados la caridad del caballero.

"No," balbuceó, y dio un paso para atrás, mirando fijamente al piso hasta que vio que sus pies se iban. Otro par de botas se acercó.

"Baila conmigo, Princesa," vociferó el hombre, desvergonzadamente. Reconoció la voz enseguida. Era el belicoso hijo de uno de los duques de su padre. Ella siempre había evitado sus avances indecorosos.

"No," balbuceó nuevamente, pero él le agarró la mano y la arrastró hacia el círculo. Cuando terminó esa pieza, él se quedó a su lado y, por primera vez, ella se sintió agradecida por su incesante fanfarronería, principalmente sobre sus supuestos logros en batalla. Pues cuando alguien se les unía, esto la protegía de tener que participar en la conversación.

Después de un rato, su hermano la llevó a un lado. "¿Por qué le estás dando alas, hermanita?"

"¿Y por qué no debería hacerlo?" respondió, molesta.

"Porque es un babieca."

"Ya tengo quince años. Gracias, pero puedo elegir mis propios pretendientes." Y con eso regresó con el caballero gritón y lo tomó del brazo.

De repente, un heraldo que venía del frente de combate irrumpió en el salón, la ropa salpicada de lodo de su precipitado viaje. Con el rostro surcado por la preocupación, la reina se levantó lentamente del estrado real que dominaba el salón.

"Mi Reina, señoras y señores." El mensajero hizo una profunda reverencia delante del estrado. "¡Tenemos informes de que el ejército del Gran Rey se está moviendo en el norte en contra del hechicero! Está echando a las tropas del hechicero de las tierras conquistadas y puede ser que llegue a nuestra ciudad antes de fin de año."

En la multitud, un murmullo de estupefacta incredulidad se convirtió en grito de júbilo.

◆

Durante los meses siguientes, el ejército del Gran Rey efectivamente avanzó y, uniéndose a los caballeros de su padre, hizo que las fuerzas del hechicero se replegaran en dirección al mar. Debilitada por la arremetida, la oscura magia ya no envolvía a la tierra con sus densas nubes. Aquí y allá, por primera vez en años, el sol penetró las nubes con sus gloriosos rayos de luz. Sola en sus aposentos, la princesa miraba al cielo, llena de asombro. Ante sus ojos, un rayo de sol se derramó por la ventana y cayó sobre el espejo, que ella había puesto a un costado. El polvo que flotaba en el rayo resplandecía en oro y plata y la princesa extendió el brazo para pasar la mano a través de la sutil luz. Al moverse, la princesa alcanzó a verse en el espejo y se quedó sin aliento. El rostro ya no era el de un gnomo, sino que mostraba los contornos de su verdadera apariencia, familiar y nueva a la vez. Las lágrimas de felicidad y la risa brotaron en su rostro mientras se miraba en el espejo. Sin poder contenerse, bailó con júbilo a la luz del rayo de sol.

"¡Estaba embrujado!" gritó. "¡Los gnomos deben haber hechizado mi espejo, pero ahora sé la verdad! ¡Todo lo que dijeron era una mentira!" Se recogió el cabello y lo sujetó con peinetas de marfil.

Esa noche, la princesa intencionalmente soportó la visita grotesca de los gnomos, sin decirles una palabra sobre su descubrimiento. Luego, ya cerca del amanecer y de su partida, les rogó que se fuesen, a sabiendas de que, simplemente por irritarla, siempre hacían lo contrario de lo que ella pedía. Esta noche quería que se quedaran un poco más.

"¿Irnos? ¿Irnos? ¡Quieres que nos vayamos!" la fastidió un gnomo desaliñado, alentando a los demás a unirse a su enloquecido jolgorio.

"No se me acerquen," les rogó la princesa deliberadamente, mientras retrocedía hacia las ventanas, cerradas al aire nocturno. Los gnomos se agolparon groseros a su alrededor, siseando y burlándose de ella. Volviéndose como para esconder el rostro contra los postigos, esperó hasta que vio, a través de una rajadura en la madera, que el sol comenzaba a asomar. Veloces, sus manos abrieron los postigos y ella dio un paso para atrás para dejar que los rayos del sol cayeran a raudales sobre sus desharrapados invitados.

En medio de diabólicos aullidos, cayeron al piso y se marchitaron en medio de convulsiones. La princesa se tapó los oídos con las manos para no oír sus gritos atormentados, porque a pesar de toda la maldad que habían demostrado, lamentaba que sintieran dolor. Una ráfaga fugaz de viento elevó por el aire los cuerpos encogidos, reducidos a volutas secas y finas como papel, como hojas de otoño. Giraron por el aire y luego destellaron de manera extraña a la luz del sol. Para asombro de la princesa, de repente florecieron, transformándose en delicadas hadas de alas traslucientes. Riendo y llorando de alegría, producían un sonido parecido al repiqueteo de diminutas campanas de cristal.

"¡Gracias, gracias!" le dijo una, flotando en la brisa de la mañana. "Nos has liberado del embrujo del hechicero. Perdónanos, princesa. En nuestro estado de maldición, desparramamos miseria por donde íbamos. Contigo fuimos particularmente crueles. Perdónanos, porque nosotras también habíamos olvidado cuál era nuestra propia naturaleza."

Luego, las hadas salieron aleteando por la ventana abierta y, maravillada y feliz, la princesa las miró mientras se alejaban.

Reflexión Personal

Las partes de la parábola que me conmovieron son...

Cuando leí estas partes sentí...

Situaciones parecidas en mi vida son...

ESPEJITO, ESPEJITO

¿Cómo me veo? En los dos espejos que aparecen a continuación, escribe rápidamente palabras o frases cortas que otros usarían para describir tus cualidades (ejemplos: sentido de humor, inteligente, bonita...).

Descripciones de ti de alguien a quien le gustas

Descripciones de ti dealguien a quien no le gustas

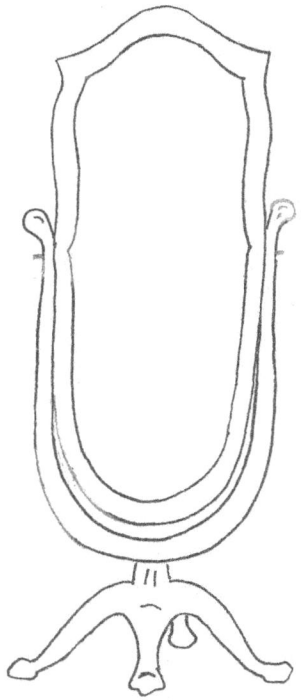
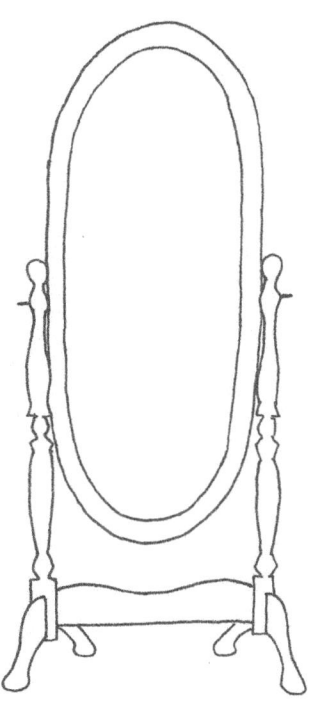

¿Cuál espejo se acerca más a cómo me veo yo?

¿Qué cosas negativas me han dicho que no son verdad? Táchalas.

¿Qué cualidades son efectivamente áreas en las que puedo mejorar?

¿Qué cualidades positivas me cuesta creer de mí misma? Márcalas con un circulo.

Mientras marcas con círculos los positivos, menciona cada una en voz alta, completando la oración: "Estoy tan contento(a) de ser..." Cuando hagas esto, puede suceder que algún gnomo de tu pasado te acuse de ser engreído(a). Haz que brille un rayo de sol sobre el gnomo y deja que la acusación se marchite.

LA PINTURA

El pintor se alejó un poco del lienzo, pincel en mano, para contemplar su creación. El pecho se le llenó de orgullo y de gratitud. Esta era verdaderamente una obra digna de exhibición en el salón del Gran Rey. Qué honor haber sido contratado para pintar aquí, en las recámaras superiores del castillo, para que el gran lienzo pudiera ser trasladado fácilmente al salón de abajo cuando estuviera listo.

Estaba ansioso por continuar, pero afuera el cielo se había oscurecido, así que se dedicó a limpiar los pinceles. Regresaría mañana por la tarde cuando, una vez más, la habitación estuviera bañada de mejor luz, proveniente de las ventanas de los balcones que daban al norte.

Mientras se quitaba el delantal, deslizó una mirada afectuosa por las suaves y ondulantes montañas del paisaje que había pintado. Los colores, las sombras, las texturas estaban en armonía y llenas de paz: el cielo celeste, las montañas de verde esmeralda, y los tonos en verde azulado del lago. Mañana les daría vida a las montañas lejanas, envolviéndolas en delicados tonos color violeta. Había mezclado cuidadosamente las pinturas provenientes de frutos rojos y flores recogidas en esas mismas montañas. Aun a medio terminar, ya era la obra más exquisita de su vida.

Cuando regresó la tarde siguiente, lo esperaba un espectáculo demasiado horrible para creer. El caballete y el lienzo yacían en el piso, y el paisaje estaba estropeado, marcado con manchones negros.

"No," gritó angustiado el pintor. ¿Quién haría algo tan cruel? ¿Qué razón tendría alguien para causar semejante destrucción? El pintor no tenía enemigos en el castillo del Gran Rey. "¿Por qué?" gritó, dando rienda suelta a la furia de su alma. Con un cuchillo, raspó los manchones negros, como de alquitrán. Eran gruesos y se habían endurecido; no salían. Desesperadamente, aplicó pintura fresca, pero el color se aglutinaba en pequeñas gotas aisladas, sin llegar a cubrir lo negro.

En las partes donde emergían por entre las manchas, las idílicas montañas y el tranquilo lago parecían respirar con dificultad, desesperadas por vivir. El cielo puro y celeste era ahora un patético recuerdo de lo que podría haber sido. El solo mirarlo le producía rechazo. Era una burla de la promesa que había sido. Una absurda monstruosidad. No había forma de rescatar la pintura. La obra de arte estaba arruinada.

Enceguecido por el dolor, atravesó el lienzo con pintura de su propio pincel. Luego se sentó ahí llorando el resto del día, la cabeza entre las manos. Al atardecer, oyó que alguien entraba a la habitación y se le acercaba arrastrando los pies, pero estaba demasiado apesadumbrado para levantar la cabeza.

"¿Qué quieres?" Hizo un esfuerzo por pronunciar las palabras, pero no abrió los ojos. "¡Déjame en paz!"

"Una pena, realmente," dijo una voz ronca. "Ya no queda ninguna razón para pintar. Deberías lanzarte por la ventana y terminar con tu vida ya."

El pintor alzó la vista, preguntándose quién sería la persona que comprendía tan bien la profundidad de la herida de su alma. Recorrió con la vista la habitación en penumbras, pero no encontró a nadie. Luego, girando hacia el balcón, su mirada se posó en el escabroso contorno de un enorme dragón alado, encaramado allí. Su masiva cola se movía perezosamente sobre las baldosas del piso, de un lado al otro. Los ojos de la bestia brillaban como brasas de color anaranjado sucio.

El pánico hizo que el pintor se pusiera de pie. Horrorizado, vio que un oscuro líquido viscoso y humeante goteaba de las branquias dilatadas de la criatura, dejando manchas de alquitrán negro en el piso.

A pesar del terror que sentía, el pintor sintió estallar su furia. "Tú le has hecho esto a mi pintura."

"Necio. ¿Qué te hizo creer que podías pintar una obra de arte?" De la boca y las fosas nasales del dragón surgían erráticamente pequeñas chispas, indicios del fuego que bullía en el interior de su garganta.

El pintor cayó hacia atrás atolondradamente, en un intento de escapar de la habitación antes de que la masiva bestia se lo tragara vivo. Oyó gritos de alarma que venían del patio, donde los centinelas habían detectado la presencia del intruso. El dragón se rio, estirando las alas para salir volando del balcón y desaparecer por encima de las murallas del castillo.

A la mañana siguiente, en su recámara, el pintor se preparó para un viaje a las montañas, para recoger flores y frutos rojos para preparar más pintura. Con el corazón apesadumbrado, le daba terror pensar en recrear la pintura sobre un lienzo nuevo. La original había sido tan bella.

"Amigo mío." El Gran Rey lo saludó desde la entrada de la recámara.

El pintor hizo una reverencia. "Mi Señor, me honras con tu presencia inesperada."

"Vi la pintura esta mañana. El dragón definitivamente ha dejado sus sórdidas marcas." Con tristeza en el rostro, el Rey apretó el hombro del pintor. "Y en tu angustia, tú mismo has dañado el lienzo, pensando que no tenía arreglo." No había señales de reproche en el rostro del soberano.

El pintor se sintió avergonzado por su propio arrebato de destrucción.

"Pero no hace falta que abandones el lienzo. Tiene arreglo," dijo el Rey. "Lo voy a colgar en mi salón principal y será de inspiración para todos que lo vean."

"¿Cómo vas a remover los espesos manchones que dejó el dragón?" preguntó el pintor, con renovada esperanza.

"El remedio es mucho más poderoso que eso y va a irritar al dragón hasta lo más profundo de su ser."

"¡Dime cuál es el remedio!" exclamó el pintor.

"Ven, caminemos." El Rey lo llevó desde el castillo hasta una pradera cercana. "Amigo mío, ¿qué ves?"

"Una pradera cubierta de hierba. Montañas y colinas en la distancia." El pintor no podía ocultar su desconcierto.

Luego el Rey lo guio a que se parara debajo de un gran roble. "Ahora, ¿qué ves?"

"Lo mismo que antes, pero a través de las ramas de este árbol," contestó el pintor, mientras las hojas de las ramas se agitaban y bailaban en la brisa. Cuando comprendió la visión del Rey acerca del lienzo dañado, su rostro se llenó de emoción.

"Va a hacer falta todo tu talento artístico, y habrá momentos en los que te vas a querer dar por vencido antes de haber terminado," le advirtió el Rey compasivamente. "Pero prométeme, amigo, que no abandonarás el proyecto. Si cedes ante la destrucción, el dragón gana."

El pintor asintió, con renovada determinación.

◆

Fue admirada por todos los que la veían, una pintura de exquisita profundidad y belleza. Los que la contemplaban se sentían como si estuvieran parados allí mismo. El tranquilo lago, las elegantes colinas y las majestuosas montañas no se veían desde un punto alejado. Se los observaba por entre ramas moteadas de oscuras hojas agitadas por la brisa.

Cuando el dragón se enteró, se enfureció y hasta el día de hoy echa humo cada vez que se acuerda.

Reflexión Personal

Las partes de la parábola que me conmovieron son...

Cuando leí estas partes sentí...

Situaciones parecidas en mi vida son...

LA PINTURA

¿Quién o qué ha dañado la pintura de tu vida?

¿En qué momento has dañado la pintura tú mismo(a)?

¿Quién es una persona confiable con quien podrías conversar sobre las manchas en tu pintura, y sobre cómo tu vida puede todavía ser hermosa?

Si estás teniendo pensamientos acerca de terminar tu vida, por favor no te hagas daño. Hay consejeros profesionales que están disponibles las 24 horas del día para hablar contigo, en la línea de prevención del suicidio de tu país. Busca un grupo de apoyo o un buen terapeuta, a través de amigos que hayan hecho terapia. Pídele a tu pastor o a tu cura que te recomiende un consejero confiable. Con ayuda, tu pintura aún puede ser hermosa, aunque tenga manchas.

Tu vida es una obra de arte:

Utilizando colores o acuarelas, colorea esta imagen donde las manchas y cortes se han convertido en hojas y ramas significativas. Si esto te parece tonto, por favor hazlo para animar a tu niño interior. Quizás podrías escuchar algo de tu música preferida mientras coloreas.

OGRO

"No me vendría mal un descanso," dijo el viejito, deteniéndose y apoyándose en su nudoso bastón, para luego agacharse y sentarse sobre un tronco a un costado del camino del bosque. La mujer, que cargaba a su pequeña hija dormida, también se agachó, con gusto, para sentarse sobre el tronco.

Con ternura, acomodó su chal para proteger las marchitas piernas de su hija del aire húmedo. "Me pregunto si el Gran Rey encontrará una forma de hacer que se mejore instantáneamente; ¿o será algo que pasa gradualmente, con solo vivir en esta tierra?"

"He oído que sucede de ambas maneras, pero que es más común que sea gradual," dijo el viejito, en suave sobrecogimiento. "Algunos dicen que una vez que estás en su reino, te olvidas de qué fue lo que te trajo, y luego un día te das cuenta de que te has sanado."

"La razón de mi viaje es obvia, pero tú, ¿por qué viajas a la ciudad del Gran Rey?" preguntó la mujer.

Acariciándose la barba canosa como si fuera un gato favorito, el viejito habló con añoranza. "Allí se puede vivir a la luz del sol. Me acuerdo cómo brillaba el sol antes de que las oscuras nubes del hechicero cubrieran nuestra tierra de humedad y llovizna. Y he oído decir que en la tierra del Gran Rey no hay ogros." Giró la cabeza y examinó los altos helechos que se mecían en la profundidad del bosque detrás de ellos.

"La gente de mi pueblo se rio cuando partí con mi hija para hacer este viaje. Piensa que soy una viuda tonta, porque no cree que exista el Gran Rey. Y hay momentos en que yo misma dudo," dijo la mujer, con tristeza en la voz.

"No es fácil buscar lo que nunca hemos visto." Las cejas del viejito se fruncieron.

"Me da ánimo que nos hayamos encontrado hoy en el camino," dijo la mujer. "Es reconfortante tu compañía en un viaje tan largo, cuando no hay ningún pueblo en el camino."

"Ojalá fuera más joven, para poder ayudarte a cargar a tu hija y para defendernos de cualquier maldad que podamos encontrar." Levantándose del tronco, una vez más echó una mirada intranquila a ambos lados. "Será mejor que sigamos viaje. Solo nos quedan unas pocas horas de luz."

Antes del atardecer, encontraron una pequeña saliente rocosa donde refugiarse y encendieron una fogata a modo de escudo contra cualquier criatura hambrienta que pudiera merodear en el bosque. La oscuridad trajo pavor al alma del viejito. Le costó dormir y las pesadillas de aborrecibles ogros invadían su sueño. Medían más del doble que los hombres, tenían brazos desgarbados que colgaban casi hasta el suelo, enormes bocas cavernosas llenas de dientes puntiagudos, y piel lampiña estirada sobre barrigas hinchadas. Desde siempre, su anhelo había sido vivir sin tenerles miedo.

Se despertó a la mañana sintiéndose tan cansado como siempre, pero siguieron adelante. Después de viajar algunos días más vieron, a través del bosque, algo que resplandecía en la distancia.

"Mira, allí adelante sobre la subida." El entusiasmo de la mujer despertó a la niña. El camino se elevaba delante de ellos para luego dividirse; uno de los senderos serpenteantes llevaba a una loma arbolada. Destellando en la tenue luz de la tarde había un majestuoso y ornamentado portón de bronce. Apuraron la marcha hacia la loma, los corazones llenos de alegría. "¡Esta debe ser la frontera de la tierra del Gran Rey!" exclamó la mujer, sosteniendo a su hija sobre la cadera.

"Pensé que nos faltaba mucho para llegar," dijo el viejito, feliz de estar llegando al final de su viaje. Al otro lado del portón, el bosque se hizo menos denso, y se veían algunos puñados dispersos de flores silvestres. Pero el camino no llevaba a ningún valle o pueblo. Ni ese día, ni el siguiente. Tampoco se cruzaron con otros viajeros. Cuando el viejito se dio cuenta de que las provisiones de la madre se estaban acabando, insistió en que tomara de las suyas.

Luego de unos días más, abruptamente, el camino llegó a su fin. Allí, en un denso bosque, simplemente desapareció.

"Nos han engañado cruelmente," dijo la mujer.

"Me temo que tienes razón." El viejito estaba descorazonado. "Tenemos que regresar al camino principal. El portón era, sin duda, un portón falso, construido por el hechicero para engañar a los viajeros y hacer que dejen el verdadero camino."

"¿Cómo reconoceremos al portón verdadero cuando lo encontremos? El hechicero puede tener más de uno falso," dijo la mujer, decepcionada.

"Ojalá supiera," confesó el viejito.

El viaje de regreso al camino principal les pareció el doble de largo, porque ya no viajaban con la misma esperanza.

Ya sobre la carretera principal, viajaron durante unos días hasta llegar a un camino secundario, señalizado con postes en los que ondeaban pendones reales.

"Este debe ser el camino correcto," dijo el viejito. "No puede quedar demasiado lejos de aquí."

Recogieron frutos rojos para ir comiendo mientras caminaban. Días más tarde, el camino de repente desembocó en un abismo rodeado solamente de tierra salvaje. No había manera de seguir delante. Profundamente decepcionados, regresaron una vez más al camino principal.

"Ya no puedo seguir," exclamó la mujer cuando finalmente llegaron al camino principal. "Es preferible que mi hija viva sus últimos días en casa, discapacitada, a que muera aquí de desnutrición. Estos frutos no dan ningún sustento. Mira cómo te cuelga la ropa. Nos estamos consumiendo."

"Te ruego, buena mujer, que no regreses a tu pueblo. Ven conmigo hasta el próximo portón, cualquiera sea. Si resulta ser falso, entonces regresaré contigo y me olvidaré de esta gesta."

"Ver el fervor en tu cara es lo único que me motiva para intentarlo una vez más," dijo la mujer, llorando.

Después de muchos días de viaje, el camino finalmente llevó a otro portón. Este no estaba ornamentado ni lleno de colores, sino que había sido toscamente tallado en madera. Al otro lado, el paisaje no cambió para nada, pero cuando probaron las moras, les encontraron gusto dulce y esto les infundió ánimo. Antes de que cayera la tarde, cruzaron un arroyo, eligieron un lugar donde refugiarse y juntaron leña para hacer una fogata. La luna brillaba sin que las nubes la oscurecieran.

Como era su costumbre, la madre cantaba suavemente mientras acunaba a su niña, pero esta noche, el viejito levantó la mano, para que hiciera silencio. Aunque el viento parecía calmo, oyeron el crujir de las hojas. El bosque tembló con el bramido penetrante de un ogro. La mujer se aferró a su niña, aterrorizada.

El viejito sentía los pulmones como pesadas piedras en el pecho. "Corre hacia el arroyo y cruza al otro lado. Los ogros odian el agua y no se atreven a cruzarlo. ¡Vete! ¡Ya!"

Tomando una brasa de la fogata, le hizo frente a la oscuridad y vio que la enorme criatura se abría paso a través de las copas de los árboles más cercanos. El ogro abrió la boca llena de dientes puntiagudos en una lasciva mueca mientras se inclinaba sobre el viejito. La baba le colgaba en largas hilachas del mentón. El viejito se mantuvo firme y blandió la brasa sobre su cabeza. Un golpe seco de la enorme mano del ogro y la antorcha salió volando. El viejito levantó su bastón y lo lanzó cual garrote, logrando que el extremo nudoso golpeara las desgarbadas espinillas de la criatura. Rugiendo, la bestia lo agarró del brazo y lo levantó por el aire. Sosteniéndolo como colgado por arriba de su cabeza, el ogro volvió a rugir y luego lo bajó y lo introdujo en su cavernosa boca.

El viejito se deslizó por entre dientes gigantes, directamente hacia las rancias entrañas de la criatura. Envuelto en una húmeda oscuridad, el hedor le dificultaba la respiración mientras luchaba por volver a subir. Agitó brazos y piernas desesperadamente y sintió que el ogro, en medio de rugidos, se balanceaba de un lado para el otro. Oyó que afuera los árboles se caían. Las paredes carnosas de repente se constriñeron, apretándolo más fuerte todavía. El dolor aplastante se volvió más intenso hasta llegar a un punto insoportable; luego, de repente, pudo volver a respirar.

Cuando el viejito abrió los ojos, vio el bosque iluminado por la luz de la luna. Estaba tirado entre unos árboles caídos, pero al ogro no se lo veía por ningún lado. Tambaleándose, se paró e intentó alcanzar una rama que le pudiera servir de apoyo; al hacerlo, se quedó mirando fijamente la mano que había extendido. Era joven y fuerte y humana. Su pecho era ancho y musculoso. Se sintió la cara y constató que su barba seguía allí. Mirando hacia abajo, vio que ya no era gris, sino marrón.

Echando la cabeza hacia atrás, se rio a carcajadas y gritó: "Pensé que me estaba exprimiendo para quitarme la vida, pero lo que sentía era su cuerpo gigante amoldándose a mis huesos. ¡Por algún milagro, he tomado para mí su cuerpo y su fuerza!"

Recogiendo el bastón, corrió presuroso y encontró a la mujer con su niña al otro lado del río, en llanto.

"Buena mujer, no te lamentes. ¡Esta es verdaderamente la tierra del Gran Rey!" gritó.

"Forastero, rápido, cruza el arroyo y sálvate. ¿No has oído que el ogro ha matado a mi compañero de viaje? Esa clase de cosas no pasa en la tierra del Gran Rey." Se aferró fuerte a su hija.

"¡No! Mírame. ¡Yo soy tu compañero de viaje, y he vencido al ogro!" Blandió su bastón nudoso en el aire como si fuera una espada de batalla.

"Sí, es tu voz. ¿Cómo puede ser?" le preguntó, cautelosa.

"¡Esta es la tierra del Gran Rey! ¡El ogro se apoderó de mi frágil cuerpo, pero una vez que estuve dentro de él, yo me apoderé de su vacía alma! ¡Estoy renovado!" Jubiloso, se metió a chapotear en el agua y se trepó al terraplén. El agua chorreaba de la punta de la oscura barba. Luego sacudió la cabeza como hace un perro al secarse, y sonrió de oreja a oreja. "¿No es maravilloso?"

"¡Esta definitivamente es tierra de sanación!" La mujer se regocijó y se unió a él en celebración. "¡No hay otro lugar donde un ogro pueda ser derrotado de esta manera!"

Reflexion Personal

Las partes de la parábola que me conmovieron son...

Cuando leí estas partes sentí...

Situaciones parecidas en mi vida son...

Los ogros del miedo pueden impedir que vivamos la vida que siempre hemos soñado. Algunos ejemplos son:

El miedo de reprobar en la escuela me impide inscribirme en cursos.
El miedo de volar en avión me lleva a perderme de viajes divertidos.
El miedo de procesar mis emociones me impide ir a terapia para sanar un trauma del pasado.

A continuación, escribe acerca de cómo has enfrentado un ogro en tu vida y cómo saliste más fuerte.

_____
_____
_____
_____
_____
_____

A continuación, escribe sobre algún ogro al que no has enfrentado todavía. ¿En qué sería diferente tu vida si ese miedo ya no te impidiera avanzar?

_____
_____
_____
_____
_____
_____

LA CASA DEL DUENDE I

Manchados de hollín, el niño y su padre se sentaron a cenar sin decir palabra. Sus hermanas y el hermano menor estaban sentados en silencio alrededor de la mesa, mientras la madre llenaba con cuidado los platos, empezando por el de la cabeza de hogar. El padre, famoso por sus proezas de fuerza, era un hombre grande de anchos hombros y enormes brazos, apropiados para su profesión de herrero. A veces corría el rumor en el pueblo de que este hombre era mitad duende. Pero nadie jamás había dado voz a semejante acusación en su presencia.

Cuando la madre fue a tomar el plato del niño, el padre gruñó: "Para él, nada. Hoy fue un completo inútil. Hizo asustar al caballo que estaba herrando. La bestia casi me patea la cabeza."

Sonrojándose, el niño abrió la boca para protestar. Antes de que pudiera emitir palabra, sintió que su hermana mayor lo golpeaba insistentemente con el pie. Con los ojos le imploraba que se callara, y a escondidas sacó un pancito del bolsillo y se lo puso en la falda, por debajo de la mesa. Rápidamente, él lo ocultó entre los pliegues de su camisa, agradecido porque esta noche no se iría a la cama con hambre. Pero, por el momento, sentía el gruñir de su estómago ante el aroma de la carne guisada, y miró cómo comían los demás.

La madre le sirvió una bebida a cada uno. Luego, limpiándose las manos nerviosamente en el delantal, se sentó con la familia. El padre estaba con un humor de perros esta noche, nuevamente. Con la cabeza gacha sobre la comida, como un oso, masticaba lentamente, y sus ojos seguían cada movimiento en la mesa. Los niños comían con cuidado, sabiendo que aun el más mínimo error podría desatar la ira acumulada durante todo el día.

La nina menor rompió la incómoda tensión. "¿Papá, has herrado hoy al caballo de guerra del Gran Rey? ¿Has visto al Gran Rey?" El alegre parloteo de la niña a veces desarmaba el mal humor incipiente del padre.

"No. Vino un mensajero apurado para llegar al Rey, cuyo caballo había perdido una herradura. A mí no me interesa ver al Gran Rey, porque estábamos mejor antes de que él viniera. Forjando espadas para el hechicero ganaba más oro que fabricando herraduras y arados. Todos hablan de cómo el Gran Rey ha derrotado al hechicero, empujándolo hacia el mar, y de cómo nos ha liberado. Pero me han dicho que el mago le ha pedido ayuda a su señor, el dragón. Así que aún falta pelear la última batalla."

"¿Pero el Gran Rey no es más poderoso que el dragón y el hechicero juntos?" preguntó el más pequeño.

"Si el Gran Rey tiene el poder y la fuerza, ¿por qué no ha matado al dragón todavía, eh? Los hechiceros vienen y van, pero el dragón no. Vamos a estar peor con el dragón dando vueltas, de eso puedes estar seguro."

"¿Cómo sería peor?" La niña dirigió toda su atención hacia su padre mientras la familia intercambiaba miradas furtivas, rogando que esta conversación pudiera durar el resto de la cena, hasta que todos pudieran escapar, hacer sus quehaceres y acostarse.

"¿Crees que fue malo que el cielo estuviera nublado y que hubiera duendes yendo de acá para allá recolectando impuestos para el hechicero? Bueno, el dragón no quiere monedas. Él ansía carne humana. Una noche de estas va a prenderle fuego a este techo y se los va a llevar a todos ustedes, niños inútiles, y se va a hacer un festín. Inútiles todos." El padre se volvió a hundir en un silencio hosco, y apuró el contenido de su copa.

"Tráeme más," le dijo a su hijo menor. Cuando el niño obedientemente trajo la jarra y llenó la copa del padre, este le preguntó: "¿Ya puedes hablar sin tartamudear?" Sin mirarlo a los ojos, el niño sacudió la cabeza.

"¡Contéstame con una palabra!"

"N-n-no, señor," tartamudeó el hijo menor.

"Caca en lugar de cerebro," dijo el padre con asco, abofeteando el costado de la cabeza del niño con tanta violencia que lo tiró contra la pared. Aparentemente, ya había elegido a la victima de la noche.

"Por lo menos tiene cerebro," murmuró el hijo mayor, queriendo distraerlo a su padre para que dejar de pegar al hermanito.

"¿Cómo dices?" preguntó el padre, con voz queda. Pero sus ojos eran como dagas. Por un momento, ninguno de los presentes respiró. Poniéndose de pie, el herrero estiró un enorme brazo por sobre todo el largo de la mesa, y cacheteó al hijo mayor. El golpe lo tiró de la silla y lo mandó al piso embaldosado.

Al menos ya terminó la espera, pensó el niño mientras el padre se le vino encima, de un par de zancadas, y le propinó una serie de dolorosas patadas. Cuando el padre lo azotaba, él siempre permanecía extrañamente consciente de los rostros de su familia. La madre siempre se paraba sola, a un costado, mordiéndose el labio inferior. La hermana mayor calmaba el llanto de la hermana menor. Y el hermano menor tenía la mirada en blanco, como si ni viera ni oyera nada.

En cuanto a él, de alguna manera bloqueaba de su mente el impacto de los golpes. El cuerpo nunca le dolía hasta más tarde, después de que su padre se hubiera ido a la habitación vociferando: "Mujer, ven a la cama y deja que los niños levanten la mesa y limpien todo."

En el momento de levantarse del piso, el niño sintió el dolor. La hermana mayor le colocó un trapo mojado contra la cara, para parar la sangre.

"No me fastidies. ¡No soy un bebé!" Se palpó cautelosamente la boca y sintió alivio al comprobar que aún tenía todos los dientes. La hermana mayor no había sido tan afortunada la última vez que la había azotada. Ahora, cada vez que sonreía, se tapaba la boca avergonzada, para tapar el diente roto en un costado de la boca.

"¿Has hecho asustar al caballo a propósito para que pateara a papá?" preguntó el niño menor, incrédulo.

"No, tonto. El caballo se paró en dos patas cuando estornudé. Pero algún día sí lo mataré a papá. Lo haré," juró el hijo con convicción.

"No debes decir eso," lo retó la hermana mayor. "Él es nuestro padre. Si todos nos esforzáramos por ser mejores, no se enojaría tanto. Todos tenemos que esforzarnos más."

"¿Esforzarnos más? ¡Qué manera de hablar pavadas! Solamente me esforzaré más para lograr verlo muerto."

"Por favor no mates a papá, porque seremos huérfanos y nos moriremos de hambre en la calle," aulló la menor.

"Mira lo que has hecho. La has hecho llorar." La hermana mayor se dio vuelta para alzar a la niña. "Ya, ya. Tranquila. A ver, déjame ver tu sonrisa bonita y alégranos con una risita feliz. Sí, así me gusta."

El hijo mayor le tocó el hombro al menor. "Tú lo quieres ver muerto, ¿no es cierto?"

El niño no dijo nada, pero se encogió de hombros, indiferente.

"¿Por qué pierdo el tiempo con ustedes?" los acusó el hermano mayor. "¡Me tratan como si yo fuera el villano y no nuestro padre!"

"Tú lo provocas. Si yo no te hubiera hecho callar esta noche, habrías discutido con él acerca del guiso. Nosotros tratamos de salvarte de que te aporree, pero tú no nos haces caso."

"Ya entiendo." El niño fulminó con la mirada a su hermana.

"¡Mírenme! ¡Mírenme!" interrumpió la hermana menor, caminando entre los dos mientras balanceaba alegremente un plato en la cabeza. El niño, furioso, le pegó un golpe al plato y la hermana mayor lo agarró justo a tiempo para evitar que se hiciera añicos contra el piso.

"¡No seas tan malo!" se quejó la hermana mayor a su hermano. "Si encontrara el plato roto, nos azotaría a todos. ¡Lo haces mas difícil para todos!"

"Ya no más. Arréglense solos. Entérate, querida hermana, si esforzándote más logras mejorarle la cara. Sonríe y ríete, hermanita, tal vez puedas calmar su mal humor. Hermano, no llames la atención ni con palabras ni con acciones y quizás se olvidará hasta de que existes. Los dejo a todos que se arreglen solos. En cuanto a mí, yo iré en busca del ejército del Gran Rey y me uniré a sus filas como paje. Luego, cuando tenga edad para ser guerrero, mataré diez mil duendes en batalla antes de regresar aquí para cortarle la cabeza a papá. La próxima vez que él me vea, ¡será su muerte!"

◆

Ansioso por defenderse, el hijo del herrero estaba parado en la carpa, ante el Gran Rey.

"Has solicitado esta audiencia privada para defender tu nombre. Me han dicho que, por cuarta vez este mes, te has peleado con otros pajes y te has ido a las manos con ellos. ¿Qué tienes para decir?" preguntó el Rey tranquilamente.

"Ya soy lo suficientemente alto como para ser guerrero. Ellos me tienen envidia porque pronto tendré un puesto superior al de ellos," explicó el hijo del herrero, confiado. "El capitán de la guardia se pone del lado de ellos, pero yo sabía que usted me daría una audiencia imparcial."

"Estar listo para ser guerrero requiere más que altura," dijo el Rey.

"Soy fuerte. Nadie puede conmigo. Ya puedo hacerles frente a los caballeros, en las prácticas con la espada. ¿Por qué no se me da un puesto de más jerarquía que el de paje?"

"Conozco muy bien tus habilidades. En el año que has estado con nosotros, te has desarrollado en todos los aspectos, salvo el más necesario," dijo el Rey con tristeza. "Y en esto, te has resistido a la instrucción."

El joven se contuvo de hablar, mientras la ira le surgía por dentro.

"Tienes el temperamento de un niño," continuó el Rey. Mientras hablaba, se levantó de la silla. "Dondequiera que vas, generas discordia."

"Mi señor, es verdad que, en mí, el fuego interior quema más que en otros. Pero permíteme echar los carbones ardientes que llevo sobre las cabezas de los enemigos del Rey en batalla. De esta manera, no sentiré que me estoy consumiendo día tras día."

"Quisiera que pudiera ser así, hijo mío. Pero esa no es la naturaleza del fuego. Una vez que se haya agitado en el fragor de la batalla, tu temperamento estará más exacerbado que nunca." El Rey tomó al hijo del herrero del hombro y lo miró a los ojos. "¿Quieres servirme como guerrero?" preguntó el Rey.

"Sí, Señor. Sabes que sí," juró el joven fervientemente.

"Entonces tienes que estar dispuesto a superar este defecto de tu carácter. Debes domar la sangre de duende que llevas en las venas."

Toda su vida él había aporreado a cualquiera que se atrevía a hacer semejante acusación sobre su linaje. Siempre había sospechado que era cierto, pero aun así, las palabras del Rey lo irritaron. "¿Se supone que nunca me puedo enojar?"

"El enojo no tiene nada de malo," dijo el Rey. "Pero los hombres eligen qué hacer con él. Eligen utilizar su indignación para bien o para mal. Un duende, en cambio, deja que su enojo explote ante la menor excusa. Sin pensar en sus acciones, solo arremete y se descontrola. Para domar esto, tienes que hacer un viaje que no vas a querer hacer: tienes que volver a casa."

"¿A casa?" exclamó el hijo del herrero, al principio decepcionado, pero luego animado, ante un nuevo pensamiento. "¿Debo matar a mi padre?"

"Sabrás lo que tienes que hacer cuando llegue el momento." Abriendo un pequeño cofre de madera, el Rey sacó un colgante de excepcional valor. La piedra preciosa de amatista, engastada en plata, colgaba de una robusta cadena. Colgándola al cuello del joven, el Rey pronunció: "Lo vas a necesitar para tu viaje."

Cuando llegó a la cima del monte, en el camino que salía del campamento del Rey, el joven se dio vuelta para mirar el vasto despliegue de carpas. Mas allá, sobre los acantilados, lúgubres nubes cubrían la fortaleza del hechicero. Rogó que el largo sitio se prolongara hasta que él regresara, para poder ser uno de los guerreros que avasallaran la fortaleza del hechicero. Girando nuevamente hacia el camino, el joven iba tocando el colgante mientras caminaba, maravillándose de que el Rey le hubiera concedido a él semejante tesoro.

Una fría noche, se detuvo para comer y para calentarse en una atestada y bulliciosa posada. Su furia explotó cuando alguien se tropezó y lo golpeó, haciendo que se derramara la bebida que estaba tomando. Tomó al agresor por el cuello y preparó el puño con la intención de golpearle la cara. Sin embargo, de repente el colgante le quemó el pecho como si fuera un carbón encendido. Mirando hacia abajo, vio que el colgante brillaba y lo tomó de la cadena para separarlo de su piel. Para hacer esto, tuvo que soltar el cuello del hombre. Instantáneamente, vio que la piedra preciosa se enfriaba; esto lo dejó perplejo.

Unos días más tarde, el camino pasó por una huerta de frutales llena de atareados cosechadores. Una manzana voló por el aire y le pegó en el hombro. Furioso, desenvainó la espada para enfrentar al agresor y vio un muchacho, poco más joven que él, sentado en un árbol.

"Perdón, no te vi. Te lo juro. La manzana era para él." El lanzador de manzanas señaló hacia un risueño grupo ubicado al otro lado del camino. Nuevamente, la rabia calentó el colgante y le quemó el pecho. Instintivamente, se inclinó hacia adelante para separar la cadena de su piel. La piedra del colgante se enfrió cuando decidió que sería ridículo cortarle la cabeza al muchacho solo por haber lanzado una manzana. Es más, estalló en risotadas al pensar en su intención original.

De repente comenzó a sentir que la chaqueta le pesaba más y más. Para su asombro, empezaron a caer de sus bolsillos cantidad de pequeñas piedras preciosas, como porotos de un saco abierto. Los cosechadores miraron boquiabiertos cómo recogía en sus manos el tesoro derramado por el suelo. Con los bolsillos repletos, siguió su camino, maravillado.

En la siguiente aldea, el hijo del herrero buscó un molinero para comprar una bolsa. Parecía más sabio cargar las piedras preciosas en una bolsa que ir con los bolsillos llenos y llamar la atención a su nueva riqueza. Pero la noticia de las piedras preciosas se hizo conocida. Al día siguiente, dos ladrones lo asaltaron en el camino. Enfurecido, peleó por su vida y sufrió una corte en el muslo antes de apuñalar a uno de los ladrones.

El otro arrebató la bolsa de joyas y corrió, pero el hijo del herrero lo persiguió y lo empujó al suelo, poniéndole el cuchillo en el cuello. "Morirás como tu amigo," le gruñó al hombre que luchaba por liberarse. De repente, el colgante se calentó hasta quemarlo. El joven retiró el cuchillo del cuello del ladrón, para analizar la cuestión. El colgante no había protestado durante la trifulca en la que había peleado para evitar que lo asesinaran. Ahora, con el segundo ladrón bajo control, ya no había ninguna amenaza. De todos modos, argumentó para sí, el hombre merecía morir. Volvió a colocar la hoja del cuchillo contra el cuello del ladrón y sintió que el colgante se calentaba. Aunque le molestaba sobremanera, sabía lo que tenía que hacer. Así que amarró al ladrón y lo dejó en el camino para que otros lo encontraran. Esta vez las piedras preciosas no cayeron de sus bolsillos. Tal vez, pensó, porque la maldad aún seguía llenándolo.

En el siguiente pueblo se curó la herida y compró ropa fina para reemplazar la que se había desgarrado en la pelea. También compró un buen caballo para que lo llevara más rápido por el camino. En poco tiempo, llegaría a la aldea de su padre.

Reflexion Personal

Las partes de la parábola que me conmovieron son...

Cuando leí estas partes sentí...

Situaciones parecidas en mi vida son...

Roles de la familia

Puede ser que reconozcas los roles que jugaban los niños del herrero dentro de su familia disfuncional.
El héroe súper-responsable de la familia (en la parábola, la hija mayor)
El iracundo chivo expiatorio alborotador (el hijo mayor)
El niño perdido y callado (el hijo menor)
La encargada de aliviar tensiones, a veces haciendo de payasa (la hija menor)

¿Qué rol o combinación de roles han tenido tú y tus hermanos dentro de tu familia?

El colgante en mi vida

El colgante representa la autoconsciencia de nuestras emociones y comportamientos. La autoconsciencia nos permite tomar decisiones en lugar de reaccionar automáticamente como lo hemos hecho en el pasado. Relacionarnos con nosotros mismos y con otros de una forma más sana nos enriquece, como piedras preciosas que caen de nuestros bolsillos.
Algunos ejemplos de reacciones en las que no me tomo un momento para tomar una decisión:
- Insultar a alguien durante una discusión.
- No darme cuenta de que estoy interrumpiendo a otros o hablando demasiado en una conversación.
- Procrastinar cuando un proyecto me intimida.

Si tuviera un colgante mágico, me ayudaría a ser consciente de mis comportamientos cuando...

Puedo tomar mejores decisiones acerca de este comportamiento antiguo de esta manera:

Recursos

Mientras nos desarrollamos en la recuperación, partimos en un viaje que quizás no queramos hacer; un viaje a casa, en el sentido de examinar qué es lo que sucedió en nuestras familias, para poder superarlo. *The Adverse Childhood Experiences Recovery Workbook 2021* de Glenn R. Schiraldi, PhD es un recurso práctico para la sanación.

EMDR es una forma de terapia efectiva en la sanación del trauma. Encuentra un terapeuta en tu área aquí *https://www.emdria.org/find-a-therapist/*

PPuede ser que no hayas tenido padres sanos, pero puedes aprender a ser un padre sano para ti mismo. El libro Self Parenting (Yellow Book 1987) de John K. Pollard te guiará en este proceso. El sitio web *www.selfparenting.com* también ofrece recursos que pueden cambiar tu vida.

CASA DEL DUENDE II

Al acercarse a la cabaña ubicada detrás del taller del herrero, oyó el sonido metálico del martillo de su padre sobre el yunque. El colgante comenzó a calentarse cuando se visualizó golpeando la cabeza de su padre con ese mismo martillo. Pero antes de ir al taller, visitaría a su familia.

Cuando abrió la puerta, la madre y las hermanas se pusieron de pie, aprensivas. Las habichuelas que estaban cortando cayeron de sus regazos.

"¿Qué haces aquí, señor?" lo desafió la hermana mayor, porque no lo habían reconocido.

"Estoy aquí para ver a mi madre y a mis hermanas," respondió el hijo del herrero.

La hermana menor estalló en sonrisas y corrió a abrazarlo. Ella había crecido más de lo que él hubiera esperado, pero aun así la levantó por el aire como si nada.

"¿Dónde está mi hermano?" preguntó, dejando a la niña en el piso.

La sonrisa de la niña se desvaneció. "Se fue hace unos meses, cuando papá encontró unas viejas pieles que estaba escondiendo y utilizando como pergamino. Le gustaba escribir montones de palabras. Papá lo azotó cuando encontró los pergaminos y los tiró todos al fuego para impedirle hacer esas tonterías. No hemos sabido nada de él desde entonces. Ni siquiera se despidió."

El calor del colgante se encendió en su pecho en respuesta a renovados pensamientos de muerte hacia el padre.

"Papá no se puede enterar de que estás aquí," rogó la hermana mayor. "Él te culpa por todos estos males, y más aún desde que te fuiste, porque está saturado de trabajo ahora que le falta tu ayuda. Por favor vete. Se pondrá furioso si te ve."

"Ya no tendrán que temer su mal humor," dijo el hermano, dejando caer algunas relucientes piedras preciosas en la tosca mesa de madera. "Yo los voy a cuidar a todos, de aquí en adelante. Vengan conmigo." Tiernamente, abrazó a su temblorosa madre. "Ya no tienen que vivir con miedo. Empaquen lo que quieran, todos, y vayámonos de aquí."

Lentamente, la madre se apartó de él, desviando la vista, y sacudió la cabeza. "No lo puedo dejar a tu padre. No estaría bien. Es un buen hombre que trabaja duro para mantenernos."

"¿Un buen hombre? Solo comparado con tu propio padre, que tomaba tanta cerveza que no podía trabajar. Mereces mucho más que cualquiera de ellos, mamá." Le extendió una mano. "Ven conmigo."

"No, no puedo dejar a tu papá," susurró. Retorciendo nerviosamente las manos, huyó del cuarto.

"No dejaré a mamá. Es demasiado débil para cuidar la casa sola," aseveró la hermana mayor. "Ahora vete, por favor, antes de que te encuentre aquí."

"No me iré a ningún lado hasta que hables con ella y la convenzas de que venga. Ella siempre te hace caso."

"No, no la voy a molestar. Mira lo que estás haciendo. Igual que antes, ¡siempre alterando a todos!" El rostro de la hermana enrojeció de emoción.

"¡Juguemos a la escondida como hacíamos antes!" exclamó la hermanita, metiéndose entre los dos. "¿No sería divertido?"

"¡Cállate!" gruñó el hermano.

"Yo jugaré a la escondida contigo, querida," dijo la hermana mayor, tomando a la niña en brazos y fulminando con la mirada al hermano.

"¿Te quedarás o vendrás conmigo?" le dijo, malhumorado, a la niña.

"Siempre estás tan enojado conmigo. No quiero ir contigo," le dijo, haciendo pucheros.

Él se llevó una mano a la frente, exasperado. "Muy bien. No voy a presionar a ninguna de las dos para que venga. Pero voy a dejar estas joyas para hacerles la vida un poco más fácil."

"No, hermano. Llévatelas o papá va a querer saber de dónde salieron. Las tiraría al río antes de aceptar dádivas que vengan de ti." La hermana mayor levantó enérgicamente las joyas, las colocó en la bolsa y se las dio al hermano.

Él tenía ganas de decirles que eran unas necias, pero en vez de esto dijo: "Las voy a enterrar bajo el árbol nudoso, del lado norte." Era un árbol al que muchas veces se habían trepado, detrás de la cabaña. "Algún día, cuando necesiten las joyas, allí estarán."

"Haz lo que quieras con ellas. Pero vete ya antes de que papá vea tu caballo y venga a averiguar quién está aquí."

Despidiéndose, con decepción y enojo, el hijo del herrero enterró las joyas como había prometido. Luego fue hasta el caballo y le quitó una de las herraduras.

Bajo su camisa, el colgante se calentaba a medida que iba guiando al animal hacia el frente del taller. Se cruzó con pocas personas, porque la cabaña y el taller eran las últimas construcciones en este extremo del pueblo. La gran puerta doble estaba abierta de par en par y cuando entró, los olores de su niñez lo invadieron. Podía ver a su padre en el fondo, vertiendo en los moldes las aleaciones derretidas y sintió que el colgante le quemaba el pecho con ese mismo calor.

"Buen día, señor," su padre lo saludó sombríamente, sin sonreír. "¿Qué necesitas?" Al igual que los otros, no reconoció al viajero.

Por un momento, viendo ese rostro odiado, el hijo no pudo hablar. "El caballo perdió una herradura," dijo finalmente.

"A ver," dijo el herrero, levantando la pata del caballo. Al verlo inclinado al padre, el hijo pensó qué fácil sería desenvainar la espada y cortarle la arrogante cabeza, ahí mismo. Ahogó una exclamación ante el repentino dolor intenso que le provocó el calor del colgante, y se inclinó hacia adelante para separarlo de su piel. "¿Te sientes mal?" preguntó el herrero.

"Viejas heridas," dijo el hijo.

El herrero dio una risotada mientras trabajaba en la herradura. "Eres demasiado joven para tener heridas de combate."

"Me atacó un duende cuando era joven," dijo el hijo, apretando los dientes y mirando fijo al herrero.

"No son muchos los que viven para contar algo así."

"Yo tuve la suerte de sobrevivir," aseveró el hijo. "Y de hacerme de gran riqueza. Necesito un hombre fuerte como tú. El lugar de trabajo está lejos de aquí. No puedes llevar a tu familia, pero serás más rico de lo que has podido imaginar." Volcó en su mano las joyas de otra bolsa, y se las ofreció al herrero. El hombre frunció el entrecejo y miró sospechosamente al viajero. "Por algo tan incierto, ¿por qué debería abandonar a los que dependen de mí?"

"Te daré una bolsa de joyas ahora, pero tienes que acceder a pasar el resto de tu vida donde yo te mande. Antes de que te vayas, les daré a tu familia un monto igual. A ellos no les faltará nada," respondió el hijo.

"No sé qué estás tramando, pero te diré algo. Solo un canalla dejaría a su familia, joyas o no joyas. Será mejor que te vayas y te lleves tu ofrecimiento."

La herradura estaba lista. El hijo, empecinado en liberar a su familia de su atormentador, se debatió angustiado ante lo que estaba por hacer.

"Déjame pagarte tu trabajo con este colgante." Pasó la cadena por sobre su cabeza y colocó el colgante al cuello a su padre. Levantando las cejas, el herrero lo examinó con interés.

"Úsalo siempre y verás que calmará tu naturaleza de duende. Yo sé, porque me ayudó a mí, papá."

"¿Papá?", espetó el herrero, furibundo, cuando se dio cuenta de quién era el viajero. Sin aviso, se abalanzó sobre el hijo, intentando tomarlo del cuello. El calor abrasador del colgante lo enfureció aún más y frenó su ataque. Arrancándolo de su cuello, lo arrojó al heno que cubría el piso. Los dos hombres se enfrentaron, midiéndose y girando en círculo, agazapados, los brazos listos para atacar. El hijo recogió el colgante del piso, sin quitar la vista del padre, y se lo volvió a colgar al cuello.

"¿Pensaste que te iba a resultar fácil matarme con ese maldito colgante? ¡Tú serás el que muera! Desde que naciste has sido desagradecido. Maldigo el día en que te engendré. Eres como una ortiga constante en la carne. Cuando te vi por primera vez, te hubiera ahogado si no hubiera sido por los ruegos de tu madre. Mi misericordia solo le ha traído sufrimiento durante todos estos años. ¡Has sido la cruz de nuestra existencia!"

"¿Había en mí todo lo de duende que odiabas en ti mismo? Analiza cuidadosamente tus recuerdos, papá. ¿No era yo exactamente igual a ti?"

Los labios del herrero se curvaron en una mueca de desprecio, y lanzó el puño en un intento de golpear a su hijo en la mandíbula. Pero el joven esquivó el golpe y, para su sorpresa, se puso a reír.

"¡Ya no tienes ningún poder sobre mí! Ningún poder para vencerme. Ningún poder para hacer que te odie. ¡Tienes la fuerza física de diez hombres, pero por dentro eres un hombre débil y patético! ¡Me he liberado de ti!" Sus bolsillos se llenaron hasta rebalsar y fueron tantas las piedras preciosas que se derramaron que ambos tenían joyas hasta los tobillos.

"¿Qué brujería es esta?" Furioso, el padre retrocedió para escapar de las joyas, que lo cortaban como fragmentos de vidrio. "Pelea conmigo de manera justa y veremos quién queda en pie al final. ¡Podemos pelear hasta la muerte y terminar de una vez con esta enemistad!"

"Ya ha terminado," dijo el hijo. Y sabiendo qué hacer, montó el caballo y se alejó.

Reflexion Personal

Las partes de la parábola que me conmovieron son...

Cuando leí estas partes sentí...

Situaciones parecidas en mi vida son...

Cuando experimentamos crecimiento y cambio positivo, naturalmente queremos compartir algo de esta nueva "riqueza" interpersonal con miembros de nuestra familia. Pero tu perspectiva nueva puede resultar incómoda para ellos. La mejor forma de compartir estas "riquezas" que acabas de hallar es simplemente mostrándote sano a pesar de las presiones de tu familia para que vuelvas a caer en los antiguos patrones disfuncionales que compartías con ellos.

Estos son algunos ejemplos del reemplazo de antiguos roles en interacciones familiares.

Mi antiguo rol:
Escucho mientras mi mamá se queja de mi papá y nunca me pregunta qué está pasando en mi vida.

Nuevo rol:
Digo: "Lamento que estés enojada con papá. Sé que eso te duele. Tal vez te gustaría oír algo bueno que me pasó hoy en el trabajo."

Mi antiguo rol:
Cuando estoy con mi familia de vacaciones, ellos beben y miran televisión. Yo me la paso sentado(a), aburrido(a).

Nuevo rol:
Traigo mi juego de mesa preferido e invito a los que quieran jugar. Los demás pueden mirar televisión.

Escribe en el espacio a continuación sobre algunos roles en la familia que quisieras reemplazar.

Mi antiguo rol:

_____

_____

Nuevo rol:

_____

_____

―――――

Mi antiguo rol:

_____

_____

Nuevo rol:

_____

_____

Escribe una carta que no mandarás

Cuando nos criamos en familias disfuncionales, en algún momento tendremos que confrontarnos con nuestro enojo y otros sentimientos fuertes. En otra hoja de papel, escribe una carta a tu padre o a tu madre, que no mandarás. Simplemente dile cómo viviste tus años de crecimiento, qué fue lo que apreciaste de ellos, y también qué fue lo que te lastimó. El objetivo es expresar lo que tienes adentro a medida que va derramándose, sin editarlo.

Con la ayuda de un grupo de apoyo o de un terapeuta, quizás puedas algún día escribir una carta de verdad para discutirla con tu padre o tu madre. Pero, por el momento solo escribe sin pensar en tener que hacer que sea "presentable". Si quieres, puedes concluir la carta con las palabras del hijo del herrero: "¡Ya no tienes ningún poder sobre mí!"

LOS SABIOS

El reservado hijo menor del herrero llegó a la madurez mientras iba vagando por muchas tierras en busca de la verdad. Todo lo que descubría y pensaba lo llevaba en su corazón solamente, porque los pergaminos y los rollos no resisten bien los viajes. En el camino, conoció pocas personas que reflexionaran sobre preguntas relativas a la vida como lo hacía él. Pero él seguía adelante, inmutable.

A veces a la noche, cuando dormía, le venía en sueños un castillo a la orilla de un lago en las montañas, rodeado de magníficas cumbres. Por efecto de la densa neblina matutina, el castillo aparecía y desaparecía mientras él, lleno de profunda añoranza, iba navegando hacia allí, en un pequeño barco toscamente labrado. Siempre se despertaba del sueño con tristeza y con un renovado fervor por seguir en la búsqueda.

Visitó muchos lugares, pero en ninguno se quedó mucho tiempo, hasta que un día llegó a un pueblito diferente a los demás. Lo presintió en su encuentro con el primer habitante que, feliz, barría la plaza empedrada. Una tras otra, las personas lo saludaban cálidamente mientras se ocupaban de sus quehaceres.

Estaban en marcha los preparativos para un banquete en la plaza.

"¿Te quedarás para participar del banquete con nosotros, viajero?" preguntó un hombre amistoso.

"Con gusto," respondió el hijo del herrero. "Pero dime, ¿en honor de quién es esta fiesta?"

"Del Gran Rey, por supuesto" sonrió el hombre robusto.

"¿Estará aquí el Gran Rey?" preguntó el hijo del herrero con interés, porque muchas eran las historias que había oído acerca de este rey.

"Somos el pueblo del Gran Rey, y construimos el castillo donde reinará." El hombre alzó un brazo solemnemente, para señalar hacia la lomada en el centro de la aldea, donde se divisaban los fundamentos de un castillo, recientemente construidos.

"Maestro." Una jovencita se dirigió al hombre respetuosamente: "La comida está lista para ser servida." Luego le sonrió tímidamente al hijo del herrero.

"¡Ven, comamos!" proclamó el hombre con voz resonante, y luego hizo señas para que el hijo del herrero se sentara a su lado. Jóvenes y ancianos se reunieron en la plaza, alrededor de las mesas colmadas de comida. "Espero que encuentres sustento aquí para tu cuerpo y para tu alma," dijo el hombre amistoso, pasándole al viajero un plato humeante de pollo.

"Yo llegué aquí como tú, hace unos meses, y no he tenido ningún deseo de irme," explicó un joven que estaba sentado cerca de él. "Los sabios de aquí conocen las respuestas a la vida y a la felicidad. El más grande de los maestros te ha invitado a esta celebración. Realmente eres un privilegiado."

"Pero ¿dónde está el Gran Rey?" preguntó el hijo del herrero, con curiosidad.

"Vivirá junto a nosotros cuando esté terminado el castillo," respondió el maestro. "Si quieres conocerlo, puedes quedarte y construir con nosotros."

"Me temo que no sé nada ni de mampostería ni de carpintería."

"No se necesita ningún conocimiento. Solo un corazón dispuesto."

Así, el hijo del herrero se quedó para ayudar en la construcción del castillo. Mientras la gente trabajaba, los sabios se turnaban para enseñarle, desde varios lugares del castillo. Hablaban sobre la vida, las relaciones y la paz interior. Sus palabras eran profundas, y el hijo del herrero tuvo mucho sobre lo cual reflexionar.

Cada día, después de la cena, buscaba a uno de los sabios para hacerle más preguntas.

"Una mente en busca de la verdad: es una sed preciosa la que tienes," lo felicitó el maestro. "Pocos son los que luchan con las cosas más profundas."

"Pero ¿qué has querido decir cuando dijiste que debemos dejar atrás todo lo que aprendimos antes de venir aquí? ¿La verdad es demasiado débil para existir en algún otro lugar?"

"No," respondió el sabio pacientemente. "La verdad es poderosa, pero aquellos cuyos ojos no han sido abiertos no pueden ver. Tú aún sigues enceguecido por tu pasado, viajero, por el hogar oscuro en que te has criado." Estaban sentados con un pequeño grupo alrededor del hogar en una de las cabañas.

"He notado una leve vacilación, a veces... una pausa entre palabras cuando hablas," dijo el joven que había llegado a la aldea poco antes que el hijo del herrero. "Me pregunto... ¿tú tartamudeabas de niño?"

El hijo del herrero se sonrojó. Era un defecto que había intentado superar hacía ya mucho tiempo. Le causó disgusto saber que aún se notaba.

"No tengas vergüenza," sonrió el sabio. "Todos hemos llegado aquí con fragilidades. Este hermano no lo está señalando para menospreciarte, sino para liberarte. Él ya ha aprendido mucho en este tiempo con nosotros."

El hermano sonrió al oír el halago y luego siguió adelante con sus preguntas. "¿Quién es el oyente en tu pasado que hace que elijas tus palabras tan cuidadosamente?"

"Mi padre," respondió el hijo del herrero, incómodo. Tenía la sensación de que a este hermano le interesaba más ser visto como sabio que cuidar de las almas de los demás.

"Es difícil para ti confiar en los demás, aun ahora," dijo el sabio, haciéndose cargo. "No somos como tu padre. Aquí puedes tartamudear, y nadie va a tenerte en menos. ¿Ahora entiendes cómo tienes que olvidarte de todo lo que has aprendido antes de llegar aquí? Deja a un lado todo lo viejo. Piensa pensamientos nuevos. Sé quién eres, sin miedo."

Alrededor del hogar, los demás asintieron, manifestando que estaban de acuerdo, cada uno tomando la enseñanza para sí mismo.

Lentamente iba avanzando la construcción de los muros del castillo. Los días eran largos, pero los sabios y sus lecciones aliviaban el tedio del trabajo. Como lo hacía también la joven tímida que el hijo del herrero había conocido aquel día del banquete.

Él la ayudaba a limpiar las ollas después de la cena, y luego ella lo ayudaba a hervir plantas para luego convertir la pulpa en pergamino. Mientras iba tomando registro de las palabras de los sabios, él le enseñó a leer y a escribir, porque ella tenía una mente aguda y clara. Él la amaba y estaba seguro de que en los ojos de ella resplandecía el mismo ardor por él.

"Nunca había sentido que pertenecía a algún lugar hasta ahora," reflexionó el hijo del herrero una tarde, mientras la acompañaba hasta la cabaña que compartía con otras doncellas. "En mi propia familia, era como si hubiera nacido en el hogar equivocado, lleno de gente con la que no tenía nada en común. Pero aquí, tan lentamente que casi ni me di cuenta, he llegado a tener un sentido de parentesco con todos ustedes."

Ella, feliz, le apretó la mano. "Yo pensaba que estaba conforme antes de tu llegada. Pero ahora me siento realmente satisfecha."

A él le encantaba cómo algunas mechitas de cabello siempre se le soltaban de las trenzas y flotaban ligeras alrededor de su rostro.

El hijo del herrero le tomó la otra mano y la hizo girar hacia él. "Quiero que seas mi esposa."

Ella se sonrojó, sonriendo. "Vamos a tener que preguntarles a los sabios."

"¿Por qué?"

"Porque así se hace aquí." Se rio, mientras lo abrazaba.

"Todavía no es el momento," respondió el sabio mayor. "No has sido uno de nosotros durante suficiente tiempo, viajero."

Profundamente decepcionado, el hijo del herrero escudriñó el rostro del sabio. "¿Cuántos meses más hacen falta para demostrar lo firme que es mi resolución?" Imaginó la decepción de su amada cuando le llevara esta noticia.

"No tiene que ver con los meses. Tiene que ver con tu corazón. Aún cuestionas nuestras enseñanzas, tal como lo hacías al principio."

"¿Y eso te desagrada?" preguntó el hijo del herrero, sorprendido.

"En algún momento tendrás que dejar de luchar contra la verdad y aceptarla." El sabio lo miró a los ojos, con mirada penetrante.

"Pero así soy yo. Pienso y cuestiono y reflexiono. Es mi naturaleza."

"No, es tu desconfianza la que hace todo eso. Cuando creas realmente, descansarás en la verdad," le aseguró el sabio.

De allí en adelante, el hijo del herrero se esforzó por refrenar la lengua. Las preguntas seguían surgiendo en su mente, pero por dentro él se reprendía a sí mismo por tanto pensamiento falso, y se negaba a expresarlas en voz alta. Extrañamente, la vacilación y la pausa en el habla se hacía más molesta a medida que buscaba purgar su alma de su deslealtad. Tartamudeaba con frecuencia y veía en los rostros de sus amigos muecas de pena ante su incomodidad tan obvia. Así que prefería callar antes que exponer su defecto.

Hasta con su amada, muchas veces se quedaba en silencio.

"¿Qué pasa?" le preguntó ella una tarde, preocupada.

"Temo que soy un s-s-sujeto muy indigno del Gran Rey," le confesó. "Y muy in-d-d-digno de ser tu esposo."

"¿Por qué tienes semejantes pensamientos? Los sabios están contentos contigo y nos han dado permiso para casarnos ahora en el otoño. Deberías estar feliz, no triste," le dijo suavemente.

El hijo del herrero la miró a los ojos y se preguntó si debería animarse a decirle la verdad acerca de sus pensamientos. Decidió que no debería hacerlo, porque sabía lo que le respondería: insistiría en que él pidiera la ayuda de alguno de los sabios. Pero, si ellos conocieran sus verdaderos pensamientos, no lo dejarían casarse.

Si quería ser feliz, estaba obligado a vivir una mentira. Pero ¿cómo podría ser feliz con tanta deshonestidad, aun cuando estuviera casado con su amada? Con el alma llena de angustia, se despidió de ella y caminó solo. Por alguna razón, vinieron a su mente pensamientos del castillo en la montaña y se preguntó por qué no había tenido el sueño desde hacía ya tanto tiempo. Fuera de la aldea, contempló el castillo que se elevaba majestuoso por sobre los techos de paja de las cabañas. La fortaleza no estaba a orillas de un lago. No había cumbres que se elevaran detrás de ella. Mañana se realizaría el festejo de su finalización. Pero en el corazón del viajero no había gozo alguno.

La gente entonó canciones al Gran Rey mientras los sabios tomaban asiento sobre los tronos del castillo. El trono más grande y mejor adornado, ubicado en el centro, era para el gran maestro, quien sonreía benévolamente a los habitantes de la aldea que llenaban el enorme salón. Cuando se puso de pie para dirigirles la palabra, un silencio expectante cayó sobre la multitud extasiada.

"Verdaderamente, la iluminación del Gran Rey está aquí con nosotros hoy," anunció el más sabio de los sabios. "Y así reinará a través de nosotros."

"Cuando llegué aquí, tú dijiste que el Gran Rey vendría a reinar él mismo," dijo el hijo del herrero claramente, sin tartamudear.

Exclamaciones de asombro e indignación llenaron el salón. La futura esposa del hijo del herrero lo miró horrorizada. Aunque su horror lo hirió en lo más profundo, subió decididamente los escalones del estrado y se dirigió a los habitantes.

"¿Se han olvidado de lo que los sabios nos enseñaron cuando empezamos a construir el castillo? Ellos dijeron que era para el Gran Rey, y que él vendría aquí a reinar. ¡Todos hemos estado esperando con ansias conocer al Gran Rey! Pero cuando la construcción del castillo estaba llegando a su fin, los sabios empezaron a enseñar acerca de los ideales del Gran Rey que reinaría a través de ellos. ¿Alguno de ustedes ha cuestionado esto, en secreto, como lo he hecho yo en estos últimos meses? ¿Alguno de ustedes anhela conocer al Gran Rey como lo anhelo yo? Él no está aquí. Únicamente los sabios se sientan en estos tronos. Cualquiera que esté buscando al Gran Rey debe irse de aquí para hallarlo."

Enfurecida, la gente se abalanzó sobre el hijo del herrero y lo azotó. Respiraba por la boca con dificultad, porque la sangre le brotaba de la nariz y le corría hasta el cuello.

"¡Paren!" ordenó el más sabio de los sabios, por sobre el bullicio de la muchedumbre. "Mi gente, ¿no ven lo que está haciendo? Los ha incitado a ser abusivos porque eso es lo que conoce. ¡Los convierte a ustedes en su padre, mitad duende!"

Con la gente temporariamente bajo control, el sabio descendió de su trono para reconfortar a la desconsolada joven que amaba al hijo del herrero.

"Deja que te amemos," le dijo el sabio al viajero. "Deja atrás tu pasado."

"No nos alejes. Deja que los sabios te ayuden," rogó la mujer, extendiendo la mano hacia su amado.

El hijo del herrero sacudió la cabeza, lenta y resueltamente. Luego, abriéndose paso entre la multitud, se alejó del castillo, pasándose la manga por la cara ensangrentada.

Tomando el camino que salía del pueblo, siguió hacia el norte en busca de las montañas más altas.

Reflexión Personal

Las partes de la parábola que me conmovieron son...

Cuando leí estas partes sentí...

Situaciones parecidas en mi vida son...

LOS SABIOS

Los grupos tóxicos imponen duras reglas a los que quieren pertenecer. No hables ni cuestiones. No confíes en ti mismo ni en nadie que no sea parte del grupo. No sientas nada, salvo lo que el grupo dice que debes sentir. ¿En qué falsos sabios has confiado? (Podría ser un grupo espiritual no saludable; un culto de psicoterapia, o un individuo controlador que te lleva mediante manipulaciones a dudar de ti mismo(a).)

¿Cómo llegaste a darte cuenta de la toxicidad de este grupo o persona?

¿Cómo afectó esta victimización tu relación con tu Poder Superior?

El viajero siguió su búsqueda de la verdad después de dejar el pueblo. No abandonó su búsqueda del Gran Rey. ¿Cómo estás siguiendo adelante con tu búsqueda?

Las personas que escapan de grupos no saludables muchas veces se sienten avergonzados por haber permitido que otros las engañaran durante tanto tiempo. Sin embargo, has sido presa de maestros de la manipulación. Siéntete orgulloso de ti mismo por haberte dado cuenta de la verdad y por haber escapado. Quizás quieras buscar en línea otros sobrevivientes de cultos, como fuente de ánimo y apoyo.

DANZA EN LA OSCURIDAD

La pequeña princesa intentaba contener las lágrimas mientras escapaba de sus primos, que la perseguían. En el patio, vio a su padre y a su tío que evaluaban la pata de un caballo de guerra herido. Buscando refugio entre los dos hombres, la princesa señaló aterrorizada a los niños, que se acercaban. "¡Tienen una serpiente!"

"Cuidado, te va a pisotear." Hoscamente, el padre la apartó del caballo sobresaltado.

"Ustedes, niños," gritó el tío, mientras alzaba a la princesa en actitud protectora. "¡Basta ya!" Un de los primos sostuvo la serpiente delante de la princesa, por la emoción de sacarle un último chillido; luego los hostigadores salieron corriendo, en medio de risas.

"¿Por qué me odian tanto?" sollozó la princesa.

"No, les gustas." El tío sonrió. "Eres la princesa más hermosa del castillo. Por eso disfrutan de hacerte renegar."

"Entonces preferiría ser fea para que me dejen en paz."

"No pensarás así cuando seas más grande," le aseguró el tío.

"Llévatelo." El rey le pasó las riendas al cuidador de caballos que aguardaba a un costado. "Córtale el cuello."

El tío volvió su atención al caballo herido. "Es una lástima que no se esté sanando."

"Era un excelente corcel, pero ya no," murmuró el rey bruscamente, alejándose. La princesa miró con tristeza al caballo ruano que se alejaba guiado por el cuidador y pensó que su padre era un hombre muy cruel. "¿Por qué papá no le ordena al cuidador que lleve al ruano al Gran Rey? Mi niñera dice que el Gran Rey ama a todos los animales y que hay sanación en su reino."

"¿Eso dice? Bueno, la tierra del Gran Rey queda demasiado lejos. Si el ruano rengo fuera mío, probablemente me lo quedaría para usar de semental y dejar que engendre excelentes potrillos para que tú los cabalgaras." El tío le hizo cosquillas en el brazo.

Mientras que el padre de la princesa estaba siempre irritable y agobiado por muchas cosas, el tío siempre tenía tiempo para ella. La llevaba a cabalgar, la cargaba alrededor del castillo en sus hombros, le cantaba canciones y le contaba cuentos. Salvo la niñera, nadie mimaba más a la princesa que su tío. Ella lo consideraba la persona más maravillosa del mundo, porque todo se volvía fiesta cuando llegaba él.

Él era el hermano menor de su madre y podía elegir entre todas las damas del reino con quién casarse, pero todavía no lo había hecho. "Hay demasiadas flores hermosas," le oyó decir un día la princesita a su tío. "¿Por qué voy a elegir una cuando puedo disfrutar de todas?"

A veces, tarde en la noche cuando todo el castillo dormía, el tío venía a su recámara y la despertaba para ir a jugar a la escondida en las habitaciones iluminadas por la luz de la luna. Era muy divertido escabullirse por todos lados, reprimiendo la risa para no despertar a la niñera, que roncaba en la recámara contigua.

Una noche, mientras jugaban, la princesa buscó detrás de un enorme baúl tallado que estaba en un rincón. Se sorprendió cuando de repente, la pesada tapa se abrió y apareció el tío, riéndose.

"¿Cómo lograste meterte ahí?" susurró la princesa, asombrada, ya que el baúl siempre había estado cerrado con llave.

"No hay nada cerrado con llave para mí." El tío sonrió de oreja a oreja. "Mira los tesoros que hay aquí. Oro y plata y joyas preciosas que te regalaron los que te querían bien, cuando naciste. Un día serán parte de tu dote. Pero este, ¡este es el tesoro más grande de todos!" Sacó de una funda de terciopelo un delicado vestido largo que le quitó el aliento a la princesa. Resplandecía a la luz de la luna. "Póntelo," invitó el tío. "Es mágico, y fue hilado para ti por las hadas, el día que naciste."

"Pero es demasiado grande para un bebé," se extrañó la princesa mientras el tío le ponía el vestido sobre la cabeza.

"No es para una niñita. Es el vestido que las hadas hilaron para tu noche de bodas," le explicó el tío.

"Entonces, no debo usarlo ahora. Mamá me dijo que es especial, para cuando me case."

"Mi hermana no quiere que te lo pongas porque ella sabe que el poder de la magia del vestido hace que quien se lo ponga se vuelva aún más bella, y ella ya siente celos de ti."

"¿Mi mamá, celosa de mí?" preguntó la niña, mientras se subía las mangas, demasiado largas para sus brazos.

"Claro, mi princesa. Ella siempre ha sido la mujer más bella de todo el reino. Tus hermanas mayores, bueno, lamentablemente se parecen más a tu papá. Pero, tú, mi princesa, todos pueden ver que serás más linda aún que tu mamá. Ahora ven, ¡vamos a bailar!" Y la levantó, apoyándola en su cadera, mientras daba vueltas por la recámara y el vestido de gasa fluía y se arremolinaba en un cambiante resplandor de suaves colores mágicos.

Mientras bailaban, él la tocaba de maneras en que solamente los maridos deben tocar a sus esposas, pero la princesa no sabía de tales cosas. Se le hacía difícil respirar, a medida que él la apretaba más y más en su enloquecido girar por la habitación. "¡Basta!" susurró, empujando con sus pequeños brazos contra el pecho del tío, que parecía no oírla y seguía su febril danza. "¡Basta!" La princesa exclamó en voz bien alta, pero procurando no despertar a la niñera.

De repente, el tío se detuvo, intentando recuperar el aliento. "¡Qué magia tienes en ese vestido, mi princesa! ¡Ningún hombre en el reino se podrá resistir a tus encantos! ¡Siempre tendrás todo lo que quieres, con solo pedirlo! Pero nadie debe saber que ya te has puesto el vestido o se enojarán contigo."

Después de este incidente, cuando venía a su recámara a la noche, el tío se negaba a jugar con ella hasta que se pusiera el vestido. Aunque el baile la mareaba y le daba náuseas, ella lo soportaba para poder llegar a su juego preferido. Era algo parecido a lo que pasaba con su niñera, que la obligaba a comer arvejas y lentejas antes de dejarla comer el postre.

Aun cuando ella había crecido y los juegos infantiles ya no le interesaban, el tío seguía viniendo a su recámara cuando todos dormían. A veces, con la esperanza de que se fuera, ella hacía de cuenta que estaba profundamente dormida, pero él igual la envolvía en el vestido y giraba con ella por toda la habitación. Otras noches, ella intentaba disuadirlo diciendo: "Juguemos a la escondida, como hacíamos antes. No quiero bailar esta noche."

"La escondida es cosa de niños." El tío guiñó un ojo. "Tú pronto serás mujer y debes saber bailar. Nada me da más placer que estas noches contigo, porque tu magia me atrae y es tan fuerte que no la puedo resistir."

"Yo no quiero bailar," repitió la princesa con firmeza, pero la desilusión que vio en el rostro de su tío era tan grande que, a regañadientes, consintió en hacer lo que él quería. Después de cada encuentro, él volvía a guardar el delicado vestido, ya arrugado, en la funda de terciopelo y a esconderlo nuevamente en la oscuridad del enorme baúl tallado.

Cada tanto, la reina les exigía a sus hijas que hicieran pruebas de vestidos. En el gran salón, la costurera orgullosamente desplegó un rollo de tela, y anunció: "¡Y esta es la púrpura más fina de todo el reinado!"

"Sí," asintió la reina, en tono de admiración, mientras las dos princesas mayores miraban la tela con ansias.

"¡Mamá, esto se me quedará mucho mejor a mí que a ella! ¿Ves?" La princesa se acomodó la tela sobre los hombros, con majestuoso aplomo.

"¡Creo que no!" protestó la otra hermana, arrebatándosela de un tirón.

"¡Ya basta!" dijo la reina. "¿Esa es forma de comportarse una princesa? Me avergüenzo de las dos. No, esa púrpura será para el vestido de su hermanita."

La princesa menor sacudió la cabeza rápidamente mientras las dos hermanas mayores la miraban con ojos de envidia. "Por favor, mamá, prefiero el brocado gris."

"Estoy cansada de los colores apagados que usas, hija. Ya te estás convirtiendo en mujer. Es tiempo de color y alegría."

"No quiero un vestido de púrpura," protestó la princesa. Pero la madre, que ya se estaba ocupando de elegir la tela para su propio vestido, la ignoró.

"¡No me lo pondré!" dijo la jovencita, enojada y con los ojos llenos de lágrimas. Huyó sin esperar la reprimenda de su madre. Corrió hasta su recámara y encontró ahí su niñera, que estaba limpiando.

"Su Alteza, ¿qué te tiene tan preocupada?" La anciana dejó a un lado su trapo y tomó a la princesa en brazos.

"Mamá me va a obligar a usar un vestido de púrpura." La princesa sollozó, escondiendo el rostro en el delantal de la niñera, que olía a consuelo y a seguridad.

"Dime por qué no te gusta la púrpura. Quizás pueda interceder por ti ante la reina," dijo la niñera en voz muy alta, ya que con la edad estaba perdiendo audición.

"Es demasiado llamativo. ¡Es horrible! ¡Todos los hombres se fijarían en mí y no me dejarían en paz!" explicó la princesa.

"¿En qué forma los hombres no te dejarían en paz?" preguntó la niñera, preocupada.

"Te quieren tocar y bailar contigo. Ya sabes cómo son los hombres." De repente, la princesa temió haber revelado demasiado. Se apartó, sin mirar a la niñera a los ojos. "Ahora me tengo que ir, pero ¿hablarás con mi madre por mí?" Antes de irse, llegó a ver que la niñera asentía con la cabeza.

"¿Bailaremos rápido o lento?" le preguntó el tío esa noche. Ella odiaba esa pregunta. El ritmo más rápido la mareaba más, pero al menos todo se terminaba más pronto.

"Rápido," le contestó.

"Así lo prefiero yo también." El tío sonrió. "Tú y yo somos muy parecidos, mi princesa." Repentinamente, en medio de la danza, la luz de las antorchas llenó la recámara, y la princesa gritó cuando los guardias del palacio tomaron por la fuerza a su tío, bruscamente.

"Ya está todo bien," dijo la niñera, apretando a la princesa contra su pecho. "Si al menos me hubiera dado cuenta antes, mi pobre niña. Todo va a estar bien ahora."

Pero la princesa veía con terror que los guardias se llevaban a su tío. Podía ver el pánico apenas disimulado en sus airadas protestas. Él sabía lo qué pasaría cuando se enterara su padre.

"Estás segura ahora." La niñera intentaba consolarla.

La princesa luchó por librarse del abrazo de la niñera. "¡Déjame! ¡Tengo que hablar con mi padre antes de que sea demasiado tarde!"

Para cuando llegó al pasillo que llevaba a la recámara del padre, él ya había sido informado de todo. Desde afuera de la habitación, oyó su voz furiosa y a la madre, rogando por la vida de su hermano.

La princesa irrumpió en la recámara, desesperada. "Papá, la culpa fue mía. Si yo no me hubiera puesto el vestido, él no hubiera bailado conmigo. Por favor, no le hagas daño. Yo soy la culpable," rogó la princesa, llorando.

"¡Ahí tienes! Escucha a tu hija ya que no quieres escucharme a mí," desafió la reina.

El rey dejó de pasear de un lado a otro de la recámara, furioso, para mirar a las dos con aversión. "Muy bien. Será desterrado en lugar de decapitado. Si algún día vuelve a poner pie en este reino pagará con su vida. Ahora, déjenme, las dos. ¡Y nunca más se hablará de este asunto! ¡¿Me entienden?!" Las dos hicieron una reverencia, obedientemente, y salieron de la recámara al pasillo.

"¿Cómo pudiste dejar que ocurriera esto?" Los ojos de la reina eran como dagas afiladas que atravesaban a su hija. "¡Vete a tu recámara, y sácate ese inmundo vestido! ¿No tienes ninguna noción de la decencia?" le dijo antes de darse la vuelta y encerrarse en sus aposentos. Sola en el pasillo iluminado por antorchas, se miró el vestido y dio un grito ahogado de espanto.

La delicada tela realmente estaba sucia y rota de tantas noches de danza. Su resplandor estaba ahora deslucido y atenuado. El dobladillo desgastado del vestido, que seguía siendo demasiado largo para una joven niña, iba rozando las baldosas desparejas del piso, mientras ella retornaba a su recámara, llorando.

Allí encontró a la niñera, que entre lágrimas estaba armando un bolso de viaje. "Me tengo que ir en la mañana, mi señora." Abrazó a la niña con cariño. "Tus padres me han despedido por haber permitido que ocurriera semejante cosa mientras yo dormía. Una niñera que no fuera tan sorda te hubiera protegido mucho mejor. Además, ya casi tienes edad como para tener tus propias cortesanas y ya no necesitas de una vieja niñera."

"No me dejes," rogó la princesa, aferrándose a la suavidad tan familiar de la niñera.

"Me voy a vivir con mi hijo en las tierras del norte. Cuando crezcas, puedes venir a visitarme. ¿No será divertido?" La niñera hablaba con jovialidad algo forzada, conteniendo sus propias lágrimas. "Pero ven, deja que te ayude a prepararte para dormir, antes de irme." Después de quitarle el vestido, lo doblaron en silencio antes de colocarlo en la funda de terciopelo y guardarlo en el baúl.

"Algún día, tendrás que ir con este vestido a ver a la mujer sabia de las hadas," dijo la niñera. "Ella sabrá qué hay que hacer para restaurar su magia."

"Nunca querré volver a ponérmelo, mientras viva," dijo la princesa, negando con la cabeza. "No quiero su magia."

"Algún día cambiarás de parecer," le prometió la niñera.

Reflexion Personal

Las partes de la parábola que me conmovieron son...

Cuando leí estas partes sentí...

Situaciones parecidas en mi vida son...

La princesa de la historia sufrió abuso. Muchos de nosotros hemos sufrido abuso físico, sexual, o emocional cuando éramos niños. Hubo personas que robaron tesoros de tu niñez. Dentro del cofre, escribe cuántos años tenías cuando abusaron de ti. (Ejemplo: 4 años, acosada por mi hermana, 6-8 años, azotada por mi padrastro.)

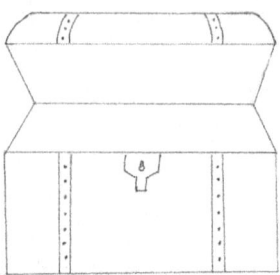

Eras solamente un(a) niño(a). No hiciste nada para merecer este abuso.

¿Qué mensajes acerca de ti mismo(a) y del mundo has llegado a creer por culpa del abuso? ¿Aún crees esos mensajes?

¿Cómo llegó a su fin el abuso? Date crédito por ser lo suficientemente fuerte como para sobrevivir.

Hiciste lo mejor que pudiste, al tener que enfrentar solo(a) tus emociones confusas, cuando eras aún apenas un(a) niño(a). Existen grupos de apoyo, terapeutas y libros que pueden ayudar a los sobrevivientes a recuperar su poder personal y a recuperarse del trauma del abuso infantil. *The Adverse Childhood Experiences Recovery Workbook 2021* de Glenn R. Schiraldi, PhD es un recurso práctico para la sanación.

EMDR es un tipo de terapia especialmente efectivo para tratar los traumas. Aquí puedes encontrar un terapeuta cerca de ti: *https://www.emdria.org/find-a-therapist/*

ESPERANZA EN LA DESOLACIÓN

Cuando la pequeña princesa llegó a la madurez, su padre arregló su matrimonio con el hijo del rey de un país vecino, para sellar una alianza entre los dos reinos. Aunque la princesa aprendió a amar al príncipe, guapo y de buen corazón, anticipaba con mucho temor su noche de bodas.

Esa noche, después de las festividades, cuando los recién casados se retiraron a sus aposentos, la princesa dijo con voz temblorosa: "Esposo mío, concédeme una sola cosa."

"Lo que quieras," respondió el príncipe.

"Apaga las velas y cierra las ventanas para que no entre la luz de la luna." Esto se lo pedía todas las noches y él se lo concedía. Únicamente después de que la oscuridad los envolviera, ella se ponía el vestido de bodas, para que él no viera el estado deplorable en que estaba.

Aunque el príncipe siempre la trataba cariñosamente, ella igual sentía pavor de sus caricias, aun después de muchos meses de matrimonio.

Una noche, mientras él dormía, ella se vistió con la ropa común de un sirviente y se escabulló al estable. En las alforjas de su caballo empacó comida, monedas y el ajado vestido de bodas, para que nadie descubriera su vergonzoso secreto después de que ella partiera. En la quietud de la noche se escabulló por un portón trasero, sin que nadie la viera. Su intención era cabalgar hacia las tierras del norte, encontrar a su niñera y vivir allí como una plebeya.

Lo más probable es que no descubrirían su desaparición hasta la mañana siguiente, y recién entonces el príncipe y los equipos de búsqueda rastrearían los caminos. En su recorrido, la princesa pasó cerca de un hojalatero que estaba profundamente dormido al lado de su carreta, e intercambió su caballo de raza por el robusto rocín del hojalatero. Ahora, la princesa sintió que su disfraz estaba completo. A la luz del día, en su búsqueda apresurada de la princesa secuestrada, los caballeros del castillo galoparon estrepitosamente por el camino, dejando atrás al "niño sirviente" montado en el viejo rocín. A medida que iba pasando calladamente de aldea en aldea, la princesa oía que la gente se preguntaba qué le podría haber pasado. ¿La habían secuestrado los duendes? O quizás un dragón la había arrebatado de sus aposentos.

A la noche, la princesa dormía en los pajares de los establos y pagaba su comida con monedas comunes. Después de viajar muchos días, llegó a las tierras del norte y encontró la casa del hijo de la niñera y su familia. Pero desafortunadamente, la madre recientemente había partido hacia la tierra del Gran Rey. La princesa aceptó el ofrecimiento del hijo de comida y un lugar para descansar, sin dejar de lado el disfraz de sirviente.

Al día siguiente, la princesa partió una vez más, decidida a reencontrarse con su niñera, aunque significara tener que emprender un largo viaje hacia la tierra del Gran Rey, pasando por tierras desoladas. Le habían dicho que ya no había más aldeas en la vasta amplitud de montañas y bosques que tenía por delante. Veía que el camino era empinado y estaba lleno de rocas, así que le dejó el viejo caballo a un pobre campesino, que quedó muy agradecido.

Algunos días después, a la tarde, se detuvo en una gran laguna para llenar su cantimplora hecha de piel de cabra. El terraplén estaba lleno de enormes árboles, cuyas raíces nudosas bajaban hacia la laguna y le hacían difícil llegar al agua. El olor a madera podrida y a hojas estancadas saturaba el aire, pero ella tenía sed. Cuando se agachó para llenar la cantimplora, apareció una cara en la turbia laguna y ella se hizo para atrás, espantada. Era su tío que la llamaba.

"Ven a quedarte conmigo," le dijo. "Mi magia es mucho más fuerte ahora que hace unos años cuando eras una niña. Por eso te puedo llamar a través del agua como si fuera la bola de cristal de un vidente. Ven a quedarte conmigo. Sabes que nadie te amará como te amo yo. Conmigo, no tienes nada que esconder ni de qué avergonzarte."

"No," susurró la princesa, como en una pesadilla.

"Gobierno sobre muchos reinos ahora." Extendió el brazo a través del agua y con la mano le sujetó el brazo. No estaba mojado. "Ven," la animó, tirándola hacia la laguna oscura. Cuando ella logró liberarse del tío, de repente este desapareció en la profundidad del agua. Ella cayó hacia atrás, al tiempo que un dragón se zambullía del cielo a la laguna. El largo cuello serpenteó vigorosamente, entrando y saliendo del agua en busca de su presa, pero luego subió a la superficie para quedarse mirándola.

"Anhelo el día en que pueda atrapar su deleznable cabeza entre mis mandíbulas," gruñó el dragón, apoyando las garras de su pata como para impedir que ella se escapara. "Conmigo, no tienes nada que temer. No todos los dragones son malvados. Yo sirvo al Gran Rey."

"¿Entonces me dejarás ir?" preguntó la princesa, temblando aún.

"No. Mi deber es proteger a los viajeros que pasan por esta tierra desolada, porque aquí hay muchos peligros, como la laguna del hechicero. No puedes pasar la noche en este bosque. Te llevaré a la mujer sabia de las hadas. Su castillo es un lugar seguro en estas tierras salvajes. De allí, ella te puede dirigir al reino del Gran Rey."

Habiendo dicho esto, tomó a la princesa por la chaqueta, que sujetó entre sus filosos dientes y la subió a su espalda. Sentada entre las proyecciones espinosas, miró asombrada cómo las enormes alas los elevaban al cielo. Planearon sobre el bosque, pero los árboles se volvieron más y más altos hasta hacer que el dragón pareciera muy pequeño. Se posó en las ramas de un roble tan enorme que tenía un castillo encaramado en medio de las ramas.

"Bienvenidos," saludó una mujer agradable que estaba parada a la entrada del castillo. Tenía alas largas y translúcidas que vibraban suavemente en su espalda.

"No me puedo quedar, Mujer Sabia," se excusó el dragón. "Pero pronto traeré a la otra visita de hoy." Una vez más, el dragón tomó a la aturdida princesa por el cuello de la chaqueta y la depositó en la entrada. La criatura, de color verde metálico, se lanzó al aire y se fue.

"Bienvenida, Princesa," dijo la mujer hada, que no era joven ni vieja, ni fea ni hermosa, pero cuando sonrió, la princesa sintió una maravillosa paz. Tenían ambas casi la misma altura, lo cual le causó extrañeza a la princesa.

"Yo pensaba que las hadas eran pequeñas," exclamó.

"Lo somos, querida. No cabrías en mi castillo en tu tamaño original. Así que los árboles alrededor de mi castillo los redujeron de tamaño a ti y al dragón. Pero no te preocupes. Volverás a tu tamaño original cuando te vayas de aquí." La mujer la llevó adentro del castillo, y la princesa apoyó la mano contra una pared cuando sintió que el piso se movía bajo sus pies.

"Debo estar mareada por el vuelo," dijo.

"Es el viento. El castillo se balancea en las ramas del roble. Muchos llegan a disfrutar del movimiento, y dicen que nunca han dormido tan bien como cuando dormían mecidos por la brisa, aquí en este lugar."

Entraron a un salón donde las aguardaba una mesa llena de comida y bebida; no había nadie más a la vista. "Sírvete lo que quieras," invitó la mujer.

"¿Dónde están tus sirvientes? No me digas que vives aquí sola," preguntó la princesa, curiosa.

"Las hadas no necesitamos sirvientes. Lo que deseamos, aparece. Y muchas veces tengo invitados que me hacen compañía."

"Hoy he visto demasiadas maravillas." La princesa pestañeó y bebió con gusto de la copa que tenía ante sí.

"Así es en todos los viajes hacia el Gran Rey."

"No viajo para verlo a él. En realidad, es a mi niñera que estoy buscando, porque sé que está en esta tierra. No me importa en absoluto verlo al Gran Rey, porque probablemente sea igual a todos los demás hombres." Se metió una aceituna en la boca y quedó gratamente sorprendida cuando notó que no tenía carozo que habría que descartar discretamente.

"Pero no es realmente un hombre," dijo la mujer cálidamente.

"Duende, o lo que sea. Los hombres son hombres y no quiero tener nada que ver con ellos."

"No, no," explicó la mujer sabia, amablemente. "Él no es ni humano ni duende. No es ni mujer ni hombre. Pero a la vez, es todas estas cosas."

"¿Cómo puede ser eso?"

"Él es el Gran Rey, y no hay nadie como él," respondió la mujer sabia.

"Pero ¿no tiene él muchos hijos e hijas?"

"Todos son adoptados. Él adopta a cualquiera que se lo pida. En su reino, todos son princesas o príncipes."

"Qué raro," dijo, extrañada, la princesa. Pero estaba más interesada en la comida que en la conversación. Había comido poco en el camino.

La mujer sabia sonrió, una mirada distante en el rostro. "No hay ningún otro lugar donde quisiera estar más que en la corte del Gran Rey."

"Entonces ¿por qué vives aquí?" preguntó la princesa, hincándole el diente a un tibio panecillo.

"Muchos viajeros huyen a la tierra desolada. Alguien tiene que vivir aquí para señalarles el camino hacia el Rey. Además, una vez que has vivido en su reino, nunca está demasiado lejos. Yo voy muy seguido."

Con esto, el hada planeó sin apuro por el aire y se quedó aleteando en uno de los ventanales del salón. "Ha llegado nuestro próximo invitado," anunció, invitando a la princesa a acercarse al ventanal.

Allá afuera, en las ramas extendidas, la princesa vio a su esposo, que escalaba resueltamente de rama a rama.

"¡No lo dejes entrar!" gritó la princesa.

"No lo rechazaré," respondió la mujer sabia. "Su viaje ha sido arduo. Se lanzó desde la espalda del dragón y cayó muy abajo en el árbol. Y cuanto más alto trepa, más pequeño se vuelve. El pobre está exhausto. "

"Entonces te ruego, no le digas que estoy aquí. Es de él que estoy huyendo."

"No creo que sea así," dijo la mujer sabia, enigmáticamente, mientras levantaba pausadamente el brazo. El príncipe apareció milagrosamente en el salón, jadeando y desconcertado. Luego vio a la princesa, y corrió hacia ella, con alegría en el rostro.

"¡Amada mía! ¡Estás viva! Durante estas largas semanas temía que estuvieras muerta."

La princesa extendió una mano para detener el avance de su esposo, mientras introducía la otra en el bolso de viaje que llevaba atado a la cintura. Lo único que quería era alejar a su esposo de alguna manera. Su intención era causarle repulsión y así librarse de su persecución. Sacó el deshilachado vestido de bodas y, enojada, lo sostuvo en alto para que él lo viera.

El rostro del príncipe se demudó, y por un momento, ella sintió que había logrado una victoria, dulce y amarga a la vez. Pero no estaba para nada preparada para lo que vino después.

Él empezó a llorar. Ella nunca había visto llorar a un hombre. El pecho le palpitaba, y por su rostro caían lágrimas silenciosas. "Mi amada, te juro que la persona deleznable que te hizo esto morirá. Pero no debes temer que puedas parecerme repugnante. No hay nada que pueda hacer que deje de amarte."

"¡No me toques!" le advirtió, retrocediendo al ver que él se acercaba otra vez. Ella estaba confundida por las emociones que explotaban en su pecho y las lágrimas que llenaban sus propios ojos.

"¡Solo quiero que me digas quién te ha hecho esto y yo tomaré venganza por ti!" aseveró. "Por secuestrarte de tu cama y abusar de ti tan horriblemente, seguro que este monstruo merece la peor muerte posible. Estoy tan agradecido de que hayas encontrado santuario aquí con esta mujer sabia. Yo la recompensaré ampliamente por su bondad."

"Nadie me secuestró." La princesa luchaba por no llorar. "Me fui por mi propia voluntad porque así ha estado mi vestido de bodas desde que era una niña y mi tío bailaba conmigo." Tiró la odiosa prenda al piso.

El príncipe la miró fijamente, incrédulo, hasta que encontró palabras para volver a hablar. "Esto no cambia el amor que tengo por ti. Es tu tío al que desprecio, no a ti."

"Si me amabas, ¿por qué contribuiste a que esta prenda se ensuciara? Lo que padecí contigo fue lo mismo que con mi tío. No eres diferente. Solo te pido que te vayas y que me dejes seguir mi propio camino."

El rostro del príncipe se demudó en horror, e intentó pedir perdón. "Perdóname. No sabía… Si fui torpe o demasiado atolondrado en mi entusiasmo, por favor perdóname. No sabía que estabas insatisfecha."

A la princesa la tomó de sorpresa este remordimiento y su enojo se calmó ligeramente, pero igual se mantuvo a distancia de él.

La mujer sabia recogió el fino vestido y giró hacia la princesa. "Hay muchos malos hechizos de tu tío que atan la magia de este vestido, pero puede ser restaurado. ¿Quieres que te ayude?"

"¿Por qué querría restaurar este vestido? Su magia fue la que se apoderó de mi tío y lo obligó a bailar conmigo."

"Ahh, ese fue uno de sus hechizos: hacerte pensar que el vestido lo había seducido. Pero la magia de las hadas que hilaron este vestido no funciona así. Fue la lujuria por el poder de tu tío lo que lo llevó a tus aposentos. La magia de un hechicero es negra, porque se la roba a los demás. En efecto, después de haber sido desterrado, tu tío, utilizando medios sórdidos, ha conquistado muchas tierras y muchas personas desafortunadas. Él se deleita en el poder como un buitre se deleita en la carne. Eso es lo que lo trajo a tus aposentos."

"No fue el vestido. El vestido no tiene poder sobre los hombres," afirmó la princesa, esforzándose por creerlo.

"Tienes que contarme todo lo que pasó con tu tío, para que podamos descubrir y destruir, uno por uno, los hechizos que han robado la magia de tu vestido."

"Antes era tan bello." La princesa se imaginó cómo brillaba antes, con suaves colores mágicos.

"Y puede volver a serlo," le aseguró la mujer sabia.

"Una vez que esté restaurado, ¿podré disfrutar de volver a usarlo?" preguntó la princesa, melancólicamente. La mujer sabia asintió con la cabeza nuevamente.

"¡Dime donde esta el tío, y yo lo mataré mientras tú deshaces su oscura magia!" explotó el príncipe.

"No," dijo la mujer sabia. "Eso no te corresponde a ti."

"Haré lo que tú me pidas," prometió el príncipe. Viendo la sinceridad en el rostro de su esposo, la princesa sintió un leve renacer de su amor por él.

"Si deseas ayudar con la sanación," le dijo la mujer sabia al príncipe, "no debes tocarla hasta que los hechizos hayan sido rotos, y ella invite tu cariño."

"Debe haber algo más, alguna tarea que requiera fuerza o coraje para que pueda hacer en esta restauración," dijo el príncipe.

"Lo que te acabo de pedir va a poner a dura prueba tu fuerza y tu coraje," dijo la mujer sabia.

Se volvió hacia la princesa. "¿Cuál es tu decisión? ¿Deseas romper los hechizos de tu tío?"

La princesa respiró profundo: "Sí."

Reflexion Personal

Las partes de la parábola que me conmovieron son...

Cuando leí estas partes sentí...

Situaciones parecidas en mi vida son...

Compartiendo tu secreto

Por vergüenza, la princesa ocultó su pasado de su esposo y luego finalmente decidió huir, bajo un disfraz, a la tierra desolada. Puede ser que nunca le hayamos contado a nadie (ni siquiera a nuestros amigos más cercanos) el abuso que sufrimos de niños. En el espacio a continuación, escribe el nombre de una persona en la que puedes confiar para escuchar el secreto de tu niñez y compartir el dolor contigo.

Ocultando quién soy

¿Qué tipos de disfraces has usado para protegerte del abuso del pasado? Tal vez te vistes de manera poco atractiva para que ningún otro abusador se fije en ti. Quizás evitas roles de liderazgo porque tienes miedo de exponerte a la crítica como la que has experimentado de parte de un padre muy severo.

En otra hoja, dibuja una máscara con crayones para mostrar la forma en que escondes a tu ser verdadero. ¿Hay una etiqueta en la frente de la máscara? ¿Qué color de crayón expresa la emoción de la máscara? Tal vez haya más de una máscara. Corta aberturas para los ojos.

Ponte cada máscara y mírate en un espejo. Háblate en voz alta acerca de cuándo utilizas este disfraz, cómo te protege y cómo te limita. Cuando te saques cada mascara, mírate y di: "Este es el yo verdadero." Sonríete a ti mismo(a). Quizás quieras escribir en un diario acerca de las emociones que sientes mientras haces el ejercicio.

Amigándome con mi cuerpo

Los sobrevivientes del abuso sexual muchas veces se sienten incómodos con su cuerpo, o desconectados de él. El viaje para sanar la sexualidad: Una guía para sobrevivientes de abuso sexual de Wendy Maltz te guía cuidadosamente en la restauración del disfrute de tu propio cuerpo.

LÁGRIMAS EN LA LUZ

"No puedo soportar ni un día más hablar de los recuerdos oscuros. Debe haber alguna otra forma de desenredar estos malditos hechizos." La princesa se sentó al lado de la ventana iluminada por el sol, sintiéndose descorazonada. El vestido de bodas que tenía en la falda ya estaba húmedo de tantas lágrimas que habían caído sobre él esta mañana.

"Es la única forma de deshacer su maldad," dijo la mujer sabia, tristemente.

"¿No podemos simplemente descartar este vestido y hacerme uno nuevo?" preguntó la princesa, desesperada.

La mujer sabia sacudió la cabeza. "La magia de tu vestido de bodas solo puede ser hilada en el momento de tu nacimiento. Este es el único que tendrás para toda tu vida."

"¿Cómo pudo mi tío hacerme algo tan cruel? De niña, lo amaba tanto," sollozó la princesa, odiándose a sí misma. "¿Cómo pude haber sido tan tonta?"

"¡Ahí! ¡Acabamos de encontrar otro más de sus hechizos!" exclamó la mujer sabia. "Él te embrujó para que te culpes a ti misma. Tenemos que romper este hechizo, reemplazando la mentira con la verdad."

Con la punta del dedo, la mujer sabia trazó el contorno plateado de un círculo que colgaba maravillosamente en el aire. "Dividiremos este círculo de culpa en secciones, como cuando cortamos un pastel. ¿Cuál porción le pertenece a tu tío?"

"Un poco más de la mitad," respondió la princesa, y le indicó a la mujer sabia cómo dibujar el sector. "Y todo lo demás me pertenece a mí."

La mujer sabia frunció los labios. "Lo que te asignas a ti misma en realidad les pertenece a otras personas. Tus padres tienen, cada uno de ellos, una parte de la responsabilidad."

"¿De qué?" preguntó la princesa.

"Tu papá no te dedicó tiempo, y tu tío llenó ese vacío."

Los ojos de la princesa se llenaron de nuevas lagrimas mientras acercaba el dedo al círculo y marcaba una porción del círculo para su padre.

"Y tu mamá, siempre tan crítica y tan lista para regañarte, te dejó hambrienta de las sonrisas de tu tío," dijo la mujer sabia, suavemente.

La princesa dibujó lentamente una sección de responsabilidad para su madre.

"Tu niñera también," continuó la mujer hada.

"No, no. Mi niñera no. ¡Ella era la única que realmente me amaba!" protestó la princesa.

"Ella falló al no protegerte todas esas noches, cuando dormía en la recámara contigua a la tuya."

"Tenía problemas de audición." La princesa defendió a su niñera enfáticamente. "No era su culpa. Una vez que sospechó, se fijó quién podría estar viniendo a mi recámara y luego trajo a los guardias para arrestarlo."

"Está bien. Entonces asignémosle una parte del círculo a su sordera, pero no a ella," ofreció la mujer sabia. La princesa estuvo de acuerdo. Después de estas tres adiciones, la porción de la culpa para la princesa era ahora apenas una cuarta parte de lo que había sido.

"Todavía no refleja la verdad," comentó el hada con un revoloteo de sus alas.

"Pero, ¿qué más podríamos cambiar?" preguntó la princesa.

La mujer sabia señalo a la sección de culpa que quedaba para la princesa. "Todo esto le pertenece a tu tío. Nada de lo que pasó fue tu culpa."

"¡Pero yo hice lo que él pidió!" la princesa argumentó, para probar su culpabilidad.

"Los niños hacen lo que se les dice. Tú eras apenas una niña. Él era un adulto y nunca debería haberte pedido que tomaras decisiones sobre tu vestido de bodas. Él comprendía el significado de lo que estaba sucediendo; tú no."

"Pero a veces yo le pedía a mi tío que viniera a mi recámara a la noche porque quería jugar a la escondida," confesó la princesa, profundamente avergonzada.

"Aun si le hubieras pedido que bailara contigo, yo no te culparía. Si un niño pide jugar con un carbón encendido y el cocinero, para complacerlo, sacara uno del fuego y se lo diera, ¿culparías al niño o al cocinero por las quemaduras del niño?"

"Al cocinero, porque el niño no entendía lo que pedía, pero el cocinero sabía que el carbón lo quemaría," dijo la princesa lentamente. Pero luego surgió otra auto-acusación. "Yo me quedé callada. Debería haberle dicho a mi niñera después de la primera vez que ocurrió, porque yo sabía que ella le hubiera puesto fin."

"Sí. Pero también sabías lo que le pasaría a tu tío. Tú lo protegiste del peligro, sacrificándote a ti misma. Hasta cuando lo descubrieron, lo defendiste, culpándote a ti misma. Así de fuerte te tenían agarrada sus hechizos. Lo amaste con el amor altruista de un niño y él se aprovechó de eso para usarlo de escudo y evitar ser castigado."

"Era tan solo una niña. Lo que pasó no fue mi culpa. No soy la culpable," dijo enérgicamente la princesa, con naciente convicción.

"Aceptar esa verdad es romper otro hechizo." La mujer sabia sonrío. Un tenue brillo destelló fugazmente en el vestido de bodas.

Así pasaron lentamente los días en el castillo de hadas mientras la mujer sabia y la princesa iban deshilvanando los muchos maleficios enredados en el vestido. La mujer sabia lloró con ella frecuentemente cuando descubrían las malvadas mentiras del tío y luego las hacían desvanecer. Lentamente desaparecieron las manchas y los jirones, pero el brillo del vestido todavía no había vuelto del todo.

"Debes hacer una última cosa para restaurar la magia del vestido," explicó la mujer sabia. "Cuando estés lista, debes lavarlo en la laguna del bosque donde se te apareció tu tío."

La princesa sacudió la cabeza en señal de protesta. "Esa vez casi me llevó por la fuerza a su reino oscuro."

"Por eso tienes que regresar a la laguna para enfrentarlo. Esta vez serás más poderosa que él. Tus palabras serán más poderosas que las suyas."

"¿Qué le voy a decir?" preguntó la princesa con horror.

"La verdad. Proclama la verdad que has descubierto aquí y ya no podrá hacerte daño. Yo te voy a acompañar y, si lo deseas, puedes invitar a tu esposo también."

"Sí. Me parece que me gustaría que él viniera con nosotros," dijo la princesa, pensando en cómo había llegado a apreciar su compañía desde que él había dejado de tocarla."

Cuando llegó el día en que la princesa decidió que estaba lista para hacer el viaje a la laguna, la mujer sabia llamó a los pájaros sabaneros para que los llevaran volando desde el castillo de hadas. El vuelo sobre la espalda del pájaro, llena de suaves plumas, fue mucho más cómodo que el vuelo que había hecho anteriormente, sobre las ásperas escamas del dragón. La princesa hubiera disfrutado tan maravilloso vuelo si no hubiera sido por el miedo que le provocaba el encuentro que tenía por delante. En cuanto pisaron el suelo del bosque, la princesa y el príncipe se asombraron al ver que, al instante, ambos habían retomado sus tamaños normales.

La mujer sabia aleteó cerca de ellos como un pequeño picaflor. "Tienes que bajar sola a la orilla de la laguna. El príncipe y yo te esperaremos aquí, en la orilla superior. Recuerda: ahora eres más poderosa que tu tío."

Temblando, la princesa fue bajando la pendiente llena de barro y

raíces nudosas. Miró hacia atrás, buscando el apoyo de sus compañeros que la esperaban entre los enormes árboles que rodeaban la laguna.
El príncipe la miró a los ojos, preocupado. La mujer sabia asintió con la cabeza para darle ánimo. Volviendo la mirada hacia la laguna para escudriñar las turbias profundidades del agua, la princesa se estremeció cuando encontró allí el rostro de su tío.

"Sabía que volverías a mí." Él sonrió con calidez. "Nuestras almas están unidas."

"¡Lo que me hiciste estuvo mal!" dijo la princesa con lágrimas de ira.

"¿Mal? ¿Está mal amar profunda y completamente? El amor no tiene nada de malo," le dijo suavemente.

"El amor de una niña inocente por ti no tenía nada de malo, pero tu amor por mí no era tan puro. Te robaste la magia de mi vestido de bodas."

Él sonrió como si le estuviera hablando a una niña poco razonable. "Toda la magia seguirá estando allí, siempre que bailes conmigo. Ven, vuelve conmigo. Nadie te amará como te amo yo."

El sonido de una espada al desenvainarse dirigió la atención de la princesa hacia la orilla, donde su esposo estaba parado, listo para salir a la carga si hacía falta. La princesa oyó que la mujer sabia le recordaba que esta no era su batalla.

A su tío, la princesa le dijo con más confianza de la que realmente sentía: "Ya no tienes poder sobre mí. He roto los hechizos que entretejiste en mi vestido."

Él hizo un gesto de dolor y su imagen se hundió, alejándose de ella. El tío extendió el brazo a través del agua, intentando alcanzar a la princesa; la expresión del rostro le rogaba que no dejara que desapareciera hacia la profundidad. Luego, ya no estaba. El agua de la laguna se agitó y explotó en luz brillante.

Con lágrimas de alegría, la princesa se sacó la capa que cubría su vestido y se metió al agua clara y refrescante.

"Reclamo este vestido para mí," dijo en voz alta, sumergiéndose y volviendo a la superficie para respirar el aire fresco. La rodeaba el brillo mágico que emanaba del vestido de bodas.

El príncipe, que la esperaba en la orilla, la miró asombrado. Se miraron a los ojos y ella le extendió la mano para que él bajara al agua con ella.

La mujer sabia de las hadas sonrío y se alejó volando sin que se dieran cuenta, dejando rastros brillantes de su presencia por el camino hacia la tierra del Gran Rey.

Reflexion Personal

Las partes de la parábola que me conmovieron son...

Cuando leí estas partes sentí...

Situaciones parecidas en mi vida son...

PARABOLAS PARA EL CRECIMIENTO PERSONAL

Los niños abusados tienden, equivocadamente, a asumir parte de la responsabilidad. En realidad, no fue tu culpa. Al lado del ejemplo, completa en el círculo vacío la asignación de la culpa por lo que has sufrido. Si hay más de un agresor, dibuja círculos adicionales en otra hoja. Decide los porcentajes de responsabilidad para:
1) el agresor
2) los que no te creyeron cuando les contaste
3) las personas que no te protegieron
4) los que empezaron la cadena, al abusar de tu agresor
5) tú mismo(a) – Marca el porcentaje de culpa que sientes para ti mismo(a), luego tacha ese porcentaje y di en voz alta: "No fui responsable." Para ayudarte a soltar la culpa, piensa en niños que conoces que tienen la misma edad que tenías tú al momento del abuso. A ellos no los culparías si alguien les hiciera daño como te hicieron a ti.

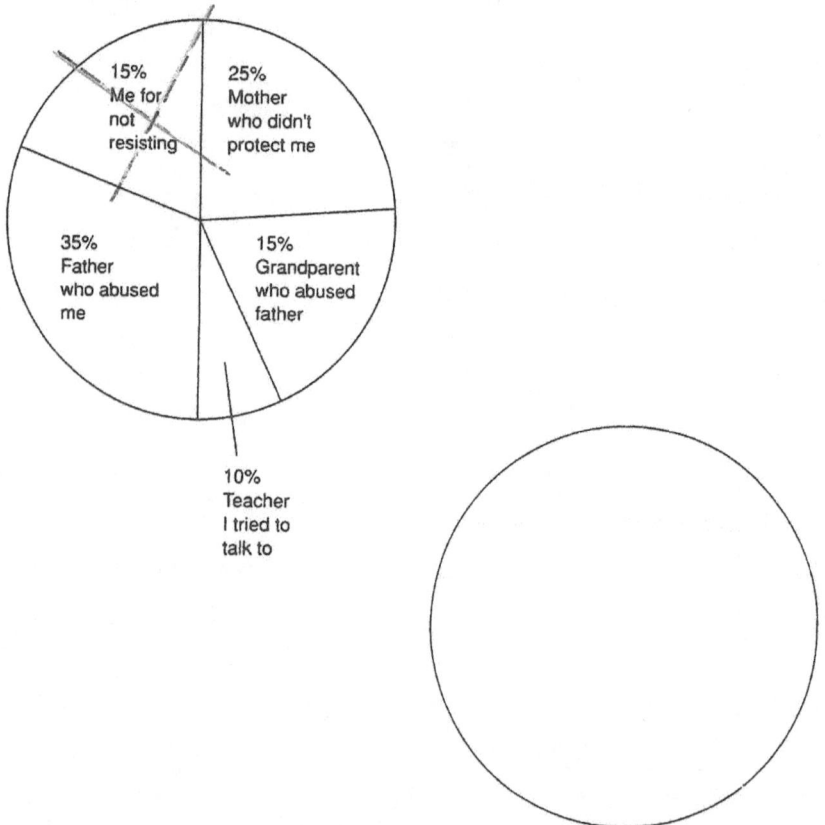

El abuso no fue tu culpa. Eras tan solo un(a) niño(a) e hiciste lo mejor que pudiste para sobrevivir.

MAREA

La sirena y sus compañeros se deslizaron aprensivamente por el agua oscura y helada. El calor y la luz del sol ya no llegaban a estas tierras costeñas. Desde que el hechicero había llegado al castillo sobre el mar, el cielo estaba siempre cubierto de tempestuosas nubes. La visibilidad debajo del agua era tan pobre que las personas sirena ya no podían ver las redes que el hechicero había echado para atraparlas.

Subiendo a la superficie para orientarse, Miron avistó las rocas desde donde su triada tomaría el siguiente turno en la vigilia. Los sirenos allí sentados golpearon sus colas-aletas verdeazuladas en señal de saludo al nuevo grupo que emergía del agua. Amrum extendió una mano fuerte para ayudar a Miron a subir por las rocas mojadas.

"Soné la alarma dos veces durante la noche," le informó, alcanzándole una concha gigante. "Los duendes del hechicero intentaron cosechar de sus redes. Hemos volcado dos barcos de remo y hemos hecho que los duendes huyeran nadando hacia tierra. Nuestras aliadas, las serpientes de mar, destrozaron los barcos contra las rocas para que no flotaran hacia la costa y los volvieran a usar."

Amrum se metió al mar con sus compañeros y se despidió, saludando con la mano.

"Que tu viaje de regreso a casa sea seguro," dijo Miron, antes de dirigir la mirada hacia la orilla. El amanecer teñía el cielo nublado de un color rosa apagado. Podía ver puntos de fuego en el campamento del Rey. Su ejército rodeaba el escarpado castillo del hechicero desde la tierra. En el mar, las personas sirena y las enormes serpientes de mar completaban el círculo del sitio y no permitían que los barcos pasaran para llevarle comida o apoyo al hechicero.

"Uno pensaría que el hambre sería más poderosa que la magia del hechicero," dijo Miron, sacudiendo la cabeza. "¿Por qué se niegan a entregarse al Gran Rey? Él no les pide nada, salvo que le juren lealtad y que dejen de atacar a los pueblos vecinos."

"Para mí no tiene sentido, prima," dijo Nusa, pasando los dedos por sus cabellos de alga. Se acomodó en su lugar sobre las rocas de vigilia.

"El hechicero ha jurado morir antes de arrodillarse ante el Gran Rey," dijo Tro, sin sacar los ojos del tercio que tenía asignado en el mar.

"Lo escuché ayer de Esu, que muchas veces nada cerca de la orilla para llevarle nuestras noticias al Rey."

Los tres pasaron el día charlando, como saben hacerlo los buenos amigos, sobre sus seres queridos y sobre los secretos de las mareas. Para mantenerse alerta, a veces cantaban al viento antiguas canciones de sirena. Cuando subía la marea, las olas pegaban contra las rocas y los mojaban con una rociada muy bienvenida, porque la piel de una persona sirena siempre debe mantenerse mojada. Ya no necesitaban zambullirse al mar periódicamente para sentirse a gusto. Los salobres cangrejos de mar se escabullían por las rocas, caminando de costado. Las gaviotas pasaban por encima de sus cabezas persiguiendo ruidosamente a un cardumen de peces. Algunos delfines juguetones saltaban del agua y se volvían a meter, una y otra vez. Con temor de que se pudieran encontrar con una de las insidiosas redes, Miron vigiló en actitud protectora, hasta que los delfines se hubieron alejado. A lo largo de las almenas del castillo del hechicero, podía ver el movimiento del cambio de guardia de los fornidos duendes. Pronto, su propio puesto sería relevado también.

En el atardecer, las luces brillaban tenuemente desde las ventanas más bajas del castillo. Miron se estremeció al pensar en lo que había ocurrido en las grutas debajo del castillo. Gente sirena, capturada en las redes del hechicero, había sido traída a ese lugar para ser matada y comida.

Ella oró que el sitio terminara pronto y que para siempre terminara la ominosa maldad que envolvía estas aguas, que eran su hogar.

El movimiento de ondas circulares en el océano le avisó que se acercaba otro grupo de vigilia a cumplir su turno. Nedra y su trío se deslizaron fácilmente sobre las rocas, que ya estaban medio sumergidas en la marea alta.

"Que su vigilia sea tan tranquila como lo fue la nuestra," dijo Miron, alcanzándole la concha gigante. Lanzándose al agua, feliz, cerró los pulmones y respiró a través de las branquias. Tro y Nusa nadaron con entusiasmo, adelantándosele a través del balanceo sutil de las algas. La luz del día se desvanecía, pero todos llegarían a sus casas antes de que oscureciera. Cuando llegaron al arrecife de coral, pararon a comer apresuradamente algunas almejas y luego siguieron adelante, pasando por lechos de alga marina hacia el mar profundo.

De repente, sin previo aviso, Miron sintió que algo le jalaba la cola-aleta. Temiendo lo peor, se sacudió con toda su fuerza para impulsarse hacia adelante. Pero no pudo y sintió que algo la tironeaba hacia atrás y que el resto de la red se cerraba a su alrededor, envolviéndola. Tiró del entramado de la red, intentando encontrar el borde, para poder escapar. Tro y Nusa vinieron al instante a ayudarla, poniéndose ellos en peligro, porque muchas veces las redes atrapaban a más de una persona. Mientras Nusa buscaba el borde de la red, Tro intentaba, con toda su fuerza, cortar las cuerdas. Pero su cuchillo de sireno y sus poderosos músculos no pudieron con las cuerdas mágicas.

"Buscaré una serpiente de mar para que te libere," dijo Nusa, alejándose rápidamente a buscarla. Solo los dientes filosos de una serpiente de mar podrían cortar la red embrujada del hechicero.

"Ve con ella," le ordenó Miron a Tro. "Si ella queda atrapada sola en otra red, nadie sabría dónde buscarla. Tú sabes dónde estoy yo."

"¡No te dejaré aquí sola!" protestó el sireno.

"Puedes serme de más ayuda yendo con Nusa y viendo que haya podido encontrar una serpiente de mar sin correr ningún peligro. Ahora vete antes de que sea demasiado tarde para alcanzarla."

Tro asintió, la cara llena de angustia. Mientras desaparecía dentro del agua oscura, Miron seguía luchando.

Su cuerpo estaba tan apretado y envuelto que tenía los brazos atados por sobre la cabeza, y ya ni podía ni mover la cola-aleta. Luchando contra el pánico, Miron se dio cuenta de que no podía ni siquiera alcanzar su cuchillo para protegerse si veía que se aproximaba uno de los barcos del hechicero. Debería haberla pedido a Tro que se lo pusiera en la mano antes de que se fuera. Así, si los duendes intentaban transportarla a su barco, por lo menos podría herirlos durante la captura.

"Miron!" La voz de una buena amiga llamó antes de que se la pudiera ver.

"Aquí," llamó Miron, y pronto Ain estuvo a su lado.

"No te muevas, mi amiga," rogó Ain mientras la contenía a Miron para que dejara de agitarse.

"¿Nusa y Tro han encontrado una serpiente de mar?" preguntó Miron, esperanzada.

"No lo sé. Pero me crucé con ellos mientras buscaban, y me indicaron dónde podía encontrarte. Escúchame, amiga. Tienes que quedarte quieta. Aunque todo tu ser te esté gritando que debes luchar para liberarte, no debes hacerlo, porque lo único que logras es enredarte más y más en la red."

"¿Entonces qué puedo hacer?" preguntó Miron, desesperada.

"Simplemente flota. No te sacudas ni te retuerzas. Solo flota con el corriente hasta que la red se afloje a tu alrededor. En ese momento, podrás liberarte y salir nadando."

"Creo que estás confundida, Ain," dijo Miron, furiosa, mientras se sacudía enérgicamente una vez más.

"No, escúchame. He descubierto cómo el hechicero embruja estas redes. Cuanto más lucha la presa, más aprieta la red. La fuente de la fuerza de la red eres tú. Quédate quieta y no le des nada de poder." Ain la sujetó a Miron con fuerza, obligándola a dejar de retorcerse. "Por favor, amiga, trata de hacer lo que te estoy diciendo."

Algo en la voz de Ain finalmente la alcanzó, y Miron puso toda su voluntad en mantener el cuerpo quieto.

"¡Bien, bien!" la alentó su amiga. "Ahora relaja tu cuerpo." Miron colgaba pesadamente en la red mientras en su alma surgía el pánico.

"Ahora debemos dejar que el tiempo pase," le aconsejó Ain. "Repite estas palabras: Estoy atrapada en una red, pero después de un tiempito estaré libre si no me resisto."

Sin moverse, Miron se hundió gradualmente hacia el piso del océano y aunque seguía enredada, podía sentir que la red se soltaba ligeramente.

"No jales de la red," advirtió su amiga. "Simplemente deja que flote y se aleje de ti. No hagas nada. Deja que las corrientes del océano se la lleven."

Miron vio que, como por milagro, aparecía una abertura en la red. "¡Quédate relajada!" advirtió Ain mientras Miron levantaba su cola-aleta. "Un movimiento de tu cola y la red te encerrará de nuevo."

Así que esperó. Los minutos se le hacía insoportablemente largos, pero por fin la red se fue alejando de a poco.

Una vez que se habían alejado una buena distancia de la red, Miron abrazó a Ain, profundamente agradecida.

Reflexion Personal

Las partes de la parábola que me conmovieron son...

Cuando leí estas partes sentí...

Situaciones parecidas en mi vida son...

La intensa ansiedad de un ataque de pánico puede ser particularmente aterrorizante. *Hope and Help for Your Nerves: End Anxiety Now*, de la Dra. Claire Weekes, es un libro muy práctico. "Nervios" es la palabra con que esta doctora australiana se refiere a la ansiedad. Ella te ayuda a comprender que luchar contra el pánico solo le proporciona más energía. Como la sirena en esta parábola, flotar con pensamientos positivos en vez de luchar contra la red puede parecer contrario a toda lógica, pero te puede liberar de la ansiedad.

Mini aliviadores del estrés

Muchas veces hay una parte del cuerpo en la que sientes la mayor parte de la tensión cuando estás ansioso(a). Relajar esta parte puede reducir la ansiedad en todo tu cuerpo y ayudarte a sentirte más calmo(a). Por ejemplo, si estás apretando los dientes, puedes mover tu mandíbula y dejar que los músculos se relajen. Luego respira profundamente hacia la parte inferior de los pulmones, retén la respiración por un momento y exhala lentamente. Repite la secuencia de respiración y observa cómo te sientes. Las respiraciones lentas y profundas traen más oxígeno a tu cuerpo y ayudan a reducir la ansiedad.

Cierra los ojos. Imagina que estás flotando en agua tibia o imagina que estás flotando como una nube. Deja que tus hombros se aflojen y que tus brazos cuelguen ligeramente. Tus músculos no te tienen que sostener. Deja que tu cuerpo se hunda en la silla. Agrega algunas respiraciones lentas y profundas. Disfruta de cómo tus músculos relajados se sienten mejor que cuando están tensos.

Imagina un lugar tranquilo donde no tienes nada que hacer, aparte de disfrutar del paisaje. Estás solo(a) y seguro(a) en este lugar. ¿Podría ser la orilla del mar, una montaña, en un bosque, o un lago? ¿Cuál es la temperatura más cómoda para ti? ¿Corre una brisa? Respira lenta y profundamente hacia la parte inferior de tus pulmones y exhala lentamente, sonriendo. Te puedes tomar una pequeña vacación en este lugar tranquilo, cuando quieras.

MAREA

EL FESTIVAL DE LOS ELFOS DEL BOSQUE

Tomados de la mano, Etor y Alene zigzaguearon entre la alegre multitud, buscando a la familia de Etor. Iluminada por la luna, la arboleda rebosaba de las canciones y la risa provenientes del festival de los elfos. Las luciérnagas titilaban en el apacible aire, lleno de fragancia a jazmín y madreselva.

Oyeron una voz que los llamaba desde lo alto de las copas de los árboles, y la joven pareja sonrió cuando espiaron allí a su buen amigo, encaramado en las ramas.

"¿Perdidamente enamorados o simplemente perdidos?" bromeó Lamal.

"Ambos," respondió Etor.

"Permítanme ofrecerles mi más humilde ayuda: desde mi puesto de vigía aquí en lo alto, no solo vigilo para detectar duendes o cualquier otro tipo de maldad que se mueva en la noche, sino que también puedo ver claramente la ubicación de tu familia, Etor, allá." Lamal señaló de nuevo. "Y tu familia, bella Alene, está allá al borde de la cañada, pero no todos han llegado todavía."

"Valiente Lamal," dijo Alene, "lamento tanto que te haya tocado en suerte ser vigía. Te extrañaremos."

"Los ancianos, sin duda, deben estar felices de tenerte ocupado," bromeó Etor. "Esta noche podrán estar tranquilos, sabiendo que nadie andará haciendo travesuras en el pueblo humano más cercano."

Lamal sonrió pícaramente. "Y tú, Etor, fuiste cómplice en más de una de esas travesuras de niños. ¿Te acuerdas la vez que nos metimos a la mansión del hacendado mientras todos dormían, y robamos el libro mayor donde llevaba el registro de los impuestos que debían los agobiados habitantes del pueblo?"

"¿Y la vez que cosimos algunos zapatos que tenía a medio terminar el zapatero, riéndonos mientras nos imaginábamos la cara de asombro que pondría cuando llegara al taller a la mañana siguiente?" recordó Etor. "Nos encogimos hasta tener el tamaño de ratones, para poder pasar por debajo de la puerta, y una de las hijas del zapatero se despertó y nos vio escabullirnos."

"Con semejantes travesuras infantiles, no me extraña que entre los humanos se rumoree que somos del tamaño de miniaturas." Alene sacudió la cabeza.

"Pobres criaturas, esos humanos. ¿Sabían que tienen tan mala vista que solo pueden ver con claridad durante el día? Por eso duermen toda la noche en vez de dormir durante el día como hacemos nosotros," dijo Lamal, mientras seguía escudriñando el área.

"¿De verdad?" comentó Etor, interesado. Qué existencia tan triste, vivir la vida solo en el calor agobiante y a la luz dura y brillante del día. Él prefería la suavidad de la luz de la luna y de las estrellas, y el suave resplandor que emanaba de cada ser vivo, tanto plantas como animales.

"Ho," gritó Lamal. "Etor, tu familia está empezando su baile inicial. Deberían apurarse."

Despidiéndose apresuradamente, la pareja se fue a encontrar con la familia de Etor, que estaba ya reunida formando un círculo, tomados de la mano. Rápidamente, se unieron a la cadena mientras la matriarca mayor de la familia anunciaba: "Celebramos la vida y todo lo más preciado: el amor de nuestros jóvenes que se han casado este año." Hizo una pausa y los miembros de la familia les sonrieron a Etor y Alene. "Es el comienzo de vidas nuevas." Todos dirigieron miradas cálidas hacia un elfo infante que dormía en un cabestrillo cerca del corazón de su madre, y hacia una prima, que estaba embarazada. "El recuerdo de quienes han enriquecido nuestros corazones y han partido antes que nosotros al más allá." La familia ahora fijó la mirada en el pasado, pensando en todos a los que extrañaban. "Y grandes logros de habilidad o de valentía que han ocurrido desde el último festival, todos van a ser reconocidos. ¡Que comience el baile!"

Estallando en jubiloso canto, el circulo giró rápidamente, todos moviendo los pies al unísono, como hojas esparcidas. Hasta los mas pequeños sabían los pasos.

Etor vio que Alene se reía, la cabeza echada hacia atrás. Su pelo rubio, del color de la luna de cosecha, caía alrededor de sus puntiagudas orejas de elfo. El ritmo del baile los guiaba a través de la coreografía compartida, y Etor hizo encoger su propio cuerpo, como lo hicieron todos juntos los demás integrantes del grupo, sin que nadie equivocara un solo paso del baile. Cuando llegaron a su tamaño más pequeño, los elfos rebotaban sobre las hojas que parecían de papel, como si fueran trampolines, y se reían a más no poder.

En este punto, mantener intacto el círculo ya resultaba más difícil, pero igual la familia se mantuvo firme, juntándose cada vez más. En vez de tomarse de las manos, ahora bailaban pasando los brazos por las cinturas y agachando las cabezas. Formaban un orbe fuertemente entramado, que giraba en remolinos entre las hojas y las bellotas. Cuando llegó el momento indicado de la canción, se expandieron para llegar una vez más a su tamaño original. De repente, Alene se separó para bailar sola. Con los ojos cerrados, se la veía perdida en su girar. Este espectáculo dejó sin aliento a Etor, no por la belleza de su baile (que era realmente maravilloso), sino porque esto no se hacía en su familia. Nadie bailaba así, solo, durante las canciones grupales. Consciente de los rostros espantados de su familia, Etor tomó con firmeza a su esposa del brazo y la metió con brusquedad al círculo. Los ojos de Alene se abrieron súbitamente, primero con sorpresa, y luego con enojo momentáneo con Etor, hasta que se dio cuenta de que la familia estaba esperando que siguiera bailando con ellos.

Cuidadosamente siguió la coreografía de la familia sin volver a ponerse en evidencia. Después de las últimas canciones e historias, la pareja se despidió.

"Sin duda estaré en boca de todos tus parientes por un buen tiempo. ¿Qué van a decir de la chica desubicada con la que se casó Etor?" Alene le preguntó a su esposo, molesta.

"La tía Gree hablará de esto en voz baja con todo el mundo, como si te tuviera pena. Mi mamá sin duda te defenderá, diciendo que tienes un buen corazón y que no eres responsable de cómo te criaron. Y yo me reiré cada vez que recuerde cómo te sonrojaste cuando te diste cuenta de que habías interrumpido el baile."

"En mi familia no importa si alguien deja el círculo. Las festividades continuarían." Alene seguía crispada.

"En tu familia, casi no hay círculo." Etor sonrió al decirlo, pero se arrepintió inmediatamente cuando vio la mueca de indignación en la cara de Alene.

"Nosotros no celebramos como una mata de hongos," dijo. "Apenas puedo respirar cuando tu familia se encierra sobre sí misma en esos bailes."

Se fueron abriendo camino entre la multitud de clanes hasta encontrarse con la familia de Alene, que siempre se reunía más tarde en la noche. Sus parientes los saludaron animadamente. Claramente enojada con su esposo, Alene desapareció dentro del grupo y dejó solo a Etor, que sonreía sin convicción a los familiares que lo rodeaban.

A Etor le parecía una reunión familiar desorganizada, con muchas canciones y grupos de personas que bailaban. Los grupos pequeños se dispersaban y se volvían a juntar en variadas combinaciones, y muchos elfos se separaban para bailar solos. Sin poder recurrir al movimiento ondulado de cuerpos conectados, Etor miró detenidamente para intentar seguir los múltiples cambios en dirección y ritmo del círculo al que se había unido. Como no se tomaban de las manos, los integrantes del grupo intermitentemente se encogían y se expandían según lo que sintieran en el momento. Más de una vez, Etor se tropezó, intentando no pisar a algún miembro de su familia política miniaturizado que bailaba prácticamente bajo sus pies. Luego de que esto le pasara varias veces, se apartó inquieto de la aglomeración y se paró a un costado, para seguir observando sin participar.

Cualquier persona, joven o vieja, podía introducir una historia, un baile o una canción, y muchas veces, la voz más fuerte dominaba a las otras y así ganaba. Nadie parecía estar a cargo del orden formal de los sucesos, por lo que veía Etor.

"¿Te estás sintiendo torpe e incómodo?" Alene pasó cerca de él, sonriendo en forma algo petulante, y luego bailó a su alrededor, girando en grandes piruetas. Etor la miró exasperado y se preguntó cómo podía ser que un guerrero como él, que podía luchar valientemente contra duendes poderosos, se sintiera tan impotente frente al enojo de su esposa.

"Hermosa dama," suspiró, "ofréceme las condiciones para una tregua, y haz que cese esta enemistad entre nosotros."

"Tregua no." Una vez más pasó cerca de él. "Pero sí aceptaría que te rindieras."

Etor se sintió aliviado al detectar la sospecha de una sonrisa en las comisuras de los labios de Alene. Dramáticamente, se puso de rodillas frente a ella y le rogó: "Soy un canalla, totalmente indigno del favor de mi señora."

Sonriendo como con reticencia, Alene se paró ante él. Y, tirando de su brazo para que se levantara, lo besó largo en los labios.

Reflexion Personal

Las partes de la parábola que me conmovieron son...

Cuando leí estas partes sentí...

Situaciones parecidas en mi vida son...

El baile de tu familia

¿Cómo interactúan los miembros de tu familia uno con el otro y como grupo? ¿Cariñosamente, distantes, controladores, divertidos, conflictivos, rígidos, con aceptación, o...? ¿Hay una persona que sea el centro aglutinante de la familia? ¿Qué "reglas" tácitas, no escritas, sigue tu familia?

¿Cómo describirías el baile en la familia de tu niñez?

¿Quién en tu familia te hace sentir cómodo y qué cosas quisieras que fueran diferentes?

Si tienes una pareja, ¿cómo describirías el baile de su familia?

¿Qué tensiones has negociado con tu pareja por culpa de las diferencias en sus bailes de familia?

Si estás formando tu propia familia, ¿qué tipo de baile quieres crear?

EL LARGO VIAJE

Los cinco guerreros élficos viajaban a paso acelerado por el camino iluminado por la luna. Se había emitido un llamado para que se unieran al ejército del Gran Rey, en batalla contra el hechicero y su ejército de duendes. Las bandas de luchadores respondieron desde los bosques de todos los extremos de las tierras élficas y emprendieron viaje hacia el campamento del Rey.

"Sería mucho menos arduo viajar por el valle en vez de por estos caminos de montaña," refunfuñó Behar.

"Quéjate menos y tendrás más aliento para el viaje," respondió Lamal. Estaba cansado de la constante queja de su primo.

"Admítanlo. Todos ustedes se arrepienten de no haberme hecho caso." Behar levantó la voz burlonamente para que el resto de la banda lo pudiera oír también.

"Baja la voz," regaño Lamal. "¿Quieres alertar a todos los duendes en el área de que estamos aquí?"

"Pero hay menos duendes en estas montañas que en el valle. Esa es tu razón para tomar este camino," Behar respondió con aire de suficiencia.

"Puede que tenga el cuerpo de un guerrero, pero eso es lo único que tiene," comentó Alene a los que tenía cerca.

"Behar hace que el viaje se sienta largo," asintió su esposo Etor. "Nunca lo he visto tan enojado a Lamal. Normalmente él es el más jovial de todos."

"No me puedo imaginar por qué el clan de Behar pensaría que estaba preparado para la batalla y para unirse a nosotros," expresó Myla.

"Tal vez tiene la esperanza de que lo maten en batalla," respondió Alene, irónicamente.

Indiferente, los búhos ululaban desde las ramas de los árboles por encima de los elfos, que avanzaban veloces. Behar iba por el camino, peleando con un oponente imaginario, y llegó hasta donde estaba Myla.

"¿Prefieres acuchillar duendes en la garganta o por los intestinos?" la interrogó.

"Los acuchillo donde sea necesario para poder protegerme," respondió Myla. Continuando con su batalla imaginaria, Behar bailoteó al costado de Alene y enredó su pie con el de ella. Los dos se tropezaron, pero lograron mantenerse en pie.

"Lo siento. Fue un accidente, te lo juro," Behar le rogó, al ver su rostro indignado.

"No camines cerca de mí." Alene lo amenazó a Behar en voz baja. "Mantente a distancia." Ella se puso al frente de la banda, pero miraba hacia atrás de vez en cuando para ver dónde andaba el alborotador.

Cuando la noche llegaba a su fin, los elfos dejaron el camino para buscar un lugar seguro para dormir durante el día.

Etor se trepó a un árbol que tenía nudos huecos en la parte superior del tronco. Sentado a horcajadas sobre una rama, metió la mano en la abertura más cercana y sacó las hojas viejas que se habían acumulado adentro. Luego, Alene le pasó una mata de plantas suaves y fragantes que había juntado para hacer la cama. Los dos se encogieron hasta llegar a un tamaño cómodo para poder meterse al hueco que sería su refugio. Luego oyeron, en un árbol vecino, las voces apagadas de Lamal y Behar que estaban discutiendo.

"Espero que Lamal lo pueda hacer entrar en razones," dijo Etor, acomodando las hojas.

"Dudo que le haga caso." Alene acomodó una ancha hoja verde para cubrirlos a los dos. "Su necedad nos pone a todos en peligro. Simplemente no es un compañero de viaje seguro. Deberíamos dejarlo en el próximo pueblo élfico al que lleguemos."

"Si promete portarse mejor mañana, ¿entonces qué lugar hay para el perdón en todo esto? ¿No podemos nosotros ser pacientes y procurar enseñarle que hay mejores maneras? Quizás hemos sido demasiado impacientes con él." Etor frunció el entrecejo.

"Si Behar entendiera el problema de su comportamiento y prometiera que ya no lo iba a hacer, estaría dispuesta a darle otra oportunidad. Pero hoy vi en su cara algo de desprecio reprimido, cuando me juró que se había tropezado conmigo por accidente. Pide perdón para aplacarnos, no porque piense cambiar. No toma la amenaza de los duendes seriamente. Tenemos que dejarlo en el siguiente pueblo."

"Va a pensar que somos vengativos." Etor exhaló. "Pero dejarlo probablemente sea lo mejor para él y para nosotros. No está listo para la batalla."

"Basta de hablar de él," dijo Alene, sosteniendo la cabeza con un brazo, mientras con la otra mano acariciaba el pecho de Etor. Él, con placer se extendió hacia ella, pero de repente, ella se lanzó sobre él con la espada levantada. Él se hizo a un lado rápidamente, cuando una araña gigante y peluda cayó muerta sobre la cama. Alene extrajo la espada del cuerpo de la criatura, cuyas piernas se movieron espasmódicamente una última vez. El cuerpo muerto cubría la cama de hojas.

"Debe haber estado anidando arriba de nosotros," dijo Etor, y tomó una pata para tirar el cuerpo afuera de su refugio.

"Odio las arañas," dijo Alene, mirando hacia arriba para ver si había más. Luego, dirigió su atención a Etor nuevamente.

El grupo durmió hasta llegado el anochecer. Myla se puso al frente cuando continuaron el viaje. El bosque se volvió denso a su alrededor y enormes ramas colgaban sobre el camino. Myla se tocó la cabeza con la mano y luego examinó las copas de los árboles. Todos miraron hacia arriba, desenvainando sus espadas. Los dragones más pequeños a veces se escondían, encaramados en los árboles, esperando que pasara alguna presa incauta. Pero los viajeros atentos notarían que las bellotas caían de los árboles empujadas por el movimiento de las colas de los dragones. Por el rabillo del ojo, Alene vio que Behar le estaba lanzando piedras a Myla desde atrás del grupo.

"¡Déjate de tonterías!" Alene giró enérgicamente para enfrentarlo.

"Alene, realmente, ¿estás celosa porque estoy coqueteando con Myla?" bromeó Behar. "Si fueras soltera, te juro que te hubiera lanzado piedras a ti también."

"¿Cómo vamos a estar atentos a los duendes o los dragones con toda esta necedad tuya?" preguntó Lamal, enojado.

"¿No nos podemos divertir en este viaje? ¡Ustedes sí que son unos guerreros totalmente carentes de sentido de humor!" se defendió Behar.

"No, tú eres el que no tiene humor," dijo Lamal, señalando a su primo con un dedo acusador. "No voy a dejar que nos pongas en peligro."

"Cualquier duende lo suficientemente estúpido como para atacarnos será bastante fácil de despachar. Puede que sean fornidos, pero tienen cerebros muy pequeños." La actitud bravucona de Behar desapareció de repente, y su cara empalideció de miedo genuino. "¿Han oído eso? En el bosque, a ambos lados del camino."

La banda de elfos se organizó en pares y se ubicaron estratégicamente, dándose la espalda y con las espadas levantadas. El tenso silencio fue roto por una sonora carcajada de Behar, que ya no podía contener la risa.

Alene giró furioso para enfrentarlo, poniéndole la espada en la punta de la nariz. "Un guerrero nunca hace bromas con estas cosas."

La cara de Behar se puso seria. "Lo siento. Pensé que les iba a parecer gracioso a todos." Sus orejas puntiagudas de elfo se agitaron nerviosamente.

"La idea de un duende nunca es graciosa," dijo Etor, envainando la espada.

"Te quedarás en el próximo pueblo élfico al que lleguemos," dijo

Lamal con firmeza.

"Ya pues," protestó Behar. "Ya pedí perdón."

"Pediste perdón porque estamos enojados contigo, pero no tienes ninguna intención de cambiar tu comportamiento, ¿no es cierto?" le preguntó Alene, irritada.

"¿Qué clase de amigos son ustedes?" exclamó Behar. "¿No pueden disfrutar de una broma de vez en cuando?"

"Me temo que tú eres el único que tiene mucho que aprender acerca de la amistad." Etor sacudió la cabeza con tristeza.

"Te quedarás en el próximo pueblo que alcancemos," Lamal repitió, con firmeza.

"Me gustaría ver cómo haces para obligarme," se rio Behar.

"Lo harás," prometió Lamal, con determinación.

Fueron recibidos con comida y bebida cuando llegaron al siguiente pueblo élfico. Luego el concejo de ancianos convocó a todos a una reunión debajo de los robles. "Behar," lo llamó la matriarca. "Hemos sabido que hay un dilema que te concierne a ti."

"Mi primo exagera," se quejó Behar. "Él y sus amigos tienen demasiado miedo de los duendes y si fuera por ellos, me tendrían caminando tan calladito como un ratón. ¡Esa no es manera de viajar para un guerrero!"

"Dime, Behar, ¿con cuántos duendes has peleado en tu vida?" preguntó un anciano.

"Como veinte seguro," se jactó Behar.

"Eso lo dudo mucho," dijo el anciano. "Si alguna vez hubieras peleado contra siquiera un duende, tendrías más cuidado de encontrarte con otro." Los demás ancianos asintieron.

"Te quedarás aquí con nosotros por un tiempo," declaró la matriarca. Levantó un gran talismán que llevaba colgado al cuello.

Behar abrió los ojos con gesto de incredulidad. "¡No tienes ningún derecho a hacer esto!"

"Tienes mucho que aprender, Behar," dijo la matriarca con compasión, moviendo el talismán en el aire.

El aullido de protesta de Behar se convirtió en el llanto de un bebé, a medida que se iba transformando en un infante, echado en el suave pasto.

Uno de los ancianos canosos levantó al bebé Behar en brazos para acunarlo y tranquilizarlo. "Te vamos a amar, Behar, y criar de manera que aprendas lo que por alguna razón no has aprendido la primera vez que creciste."

Reflexion Personal

Las partes de la parábola que me conmovieron son...

Cuando leí estas partes sentí...

Situaciones parecidas en mi vida son...

PARABOLAS PARA EL CRECIMIENTO PERSONAL

¿Quién ha sido un Behar en tu vida? Tal vez a esta persona le has dado demasiadas oportunidades, sin recibir un pedido de perdón sincero o ver algún cambio en su comportamiento. ¿Cómo has lidiado con esta persona no segura?

¿Ha habido veces en las que fuiste un Behar para otros? Haz una lista de personas a quienes has lastimado y de qué hiciste. Imagina cómo se sintieron ellos cuando los trataste así. Sentir su dolor es una parte importante de tu recuperación, para llegar a ser una persona saludable.

Lista de personas lastimadas   Qué hiciste   Dolor emocional que has causado

---

En otra hoja de papel, escribe las palabras que usarías para pedirles perdón. Esto es parte de lo que los Doce Pasos llaman "reparar el daño", en los pasos 8 y 9. No pidas perdón si eso le causaría más dolor a la persona. Si le debes dinero o tienes que devolverles algo, piensa en cómo lo vas a hacer.

Pedir perdón por el dolor que has causado restaura tu integridad. No se trata de odiarte a ti mismo, sino de ganar autorrespeto. No esperes que la persona que has lastimado te perdone. No esperes que esa persona vuelva a confiar en ti. Esto se trata de tomar responsabilidad y fortalecer tu recuperación.

Como forma de ayuda en el tema de reparar daños de una forma saludable, dedícale tiempo a un libro de trabajo como *A Gentle Path through the 12 Steps: For All People in the Process of Recovery by Patrick Carnes, Ph.D. Hazelden Publishing.*

The *Twelve Steps y The Twelve Traditions* están disponibles para descargar como PDF gratis o en formato audio en Alcoholics Anonymou https://aa.org/

LA BATALLA DEL PANTANO

Mientras se iba intensificando el crepúsculo, Etor observaba a Alene, que afilaba su espada, puliendo el pequeño corte que había sufrido la hoja cuando, en la batalla de la noche anterior, había golpeado contra el hacha tosca de un duende. A su alrededor, en el campamento élfico, sus compañeros guerreros se preparaban para volver a unirse a la línea de sitio que rodeaba el castillo del hechicero. Expulsado de las tierras que había conquistado, en una batalla tras otra con las fuerzas del Gran Rey, el hechicero estaba ahora atrincherado en el último refugio que le quedaba, en el mar. En el agua, la gente sirena y los dragones de mar que eran leales al Gran Rey bloqueaban los barcos con provisiones e impedían que llegaran al castillo. En tierra, los ejércitos élfico y humano lo mantenían atrapado. Dentro del oscuro castillo, el ejército de duendes del hechicero empezó a canibalizarse, tomando como alimento a los duendes más débiles. Y aun así, el hechicero no se rendía. Así de grande era su arrogancia: había jurado morir antes de arrodillarse frente al Gran Rey.

"El hechicero debe tener la esperanza de vencer a los ejércitos del Rey por cansancio," dijo Etor, enganchando la vaina de su espada al cinturón, y temiendo la noche que se avecinaba.

"A veces, Alene, dudo de tener corazón de guerrero. No me regocijo en la gloria de las batallas de este sitio."

"Los guerreros nobles no disfrutan de las batallas. Hacemos lo que tenemos que hacer." Alene pasó un dedo cuidadosamente a lo largo de la hoja de su espada. Satisfecha con su condición, la envainó. "Si la sangre de la guerra te provocara deleite, yo no te hubiera elegido para ser mi compañero de vida."

Etor la abrazó, sonriendo. "¿Entonces a quién hubieras elegido?"

"Quizás a Palinsar."

"¿A Palinsar?" Etor protestó como si lo hubieran herido.

Alene lo abrazó, pero sus besos fueron interrumpidos por varias matas de musgo que caían sobre ellos.

"¿No les da vergüenza?" bromeó Lamal, mientras él y Myla seguían lanzando matas de musgo.

Los cuatro amigos dejaron el campamento juntos, caminando hacia los pantanos donde una legión de elfos nocturnos relevaría a los humanos que mantenían la línea de sitio durante el día. En el camino, se cruzaron con soldados humanos, que lucían demacrados.

"Si dejaran que sus mujeres pelearan a su lado, tendrían menos muertos," Alene comentó, con preocupación.

"Las mujeres humanas no son lo suficientemente fuertes como para manejar una espada," explicó Lamal.

"No lo creas," aseveró Alene. "Alguien les ha hecho pensar que son débiles, simplemente. Una de las trampas del hechicero, seguramente."

Tomaron sus posiciones, agachados detrás de un baluarte construido de barro y pasto tomado de la ciénaga. Las rodillas de Etor se hundieron en el suelo mojado y esponjoso, mientras escudriñaba el pantano que se extendía frente a él, para detectar cualquier movimiento. Como a todos los elfos, su visión nocturna le permitía ver el suave brillo de los seres vivientes, tanto plantas como criaturas. Sabiendo esto, cuando atacaban, los duendes salían arrastrándose por las alcantarillas del castillo, envueltos en cueros de animales, para ocultar sus tenues contornos mientras avanzaban por el pantano, dejando expuestos solamente los ojos. Así que Etor buscaba el brillo de sus ojos o el movimiento de las plantas al ser desenraizadas para luego ser usadas a modo de pantallas. Buscó cualquier olor a duende que se aproximara. Sus oídos absorbían todo sonido que interrumpiera la lúgubre letanía de grillos y ranas, el canto nocturno de las aves, el suave vaivén del agua que llenaba el pantano, el chapoteo de un pez que huía de una serpiente acuática, el crujir de hojas y juncos cuando se levantaba una brisa.

La cadencia de los grillos cambió abruptamente cuando un coro cercano se apagó y quedó solo el sonido de otro, a la distancia. Etor y Alene se comunicaron con la mirada y la tensión creció entre los elfos alineados a lo largo del baluarte.

Repentinamente, surgieron del agua negra varias oscuras figuras que atacaron desde atrás de los juncos. A lo largo de toda la línea de sitio, tronó el sonido de metal contra metal. Los rugidos roncos de los duendes llenaban el aire.

Etor levantó la espada para bloquear el movimiento descendente de la ancha hoja de la espada de un duende. Aunque la fuerza del golpe le causó un cimbronazo en todo el cuerpo, logró patear al fornido atacante en el estómago. El duende hizo una mueca de desprecio y blandió su hacha nuevamente en dirección de Etor, pero el elfo lo esquivó y se encogió rápidamente hasta llegar al tamaño de un ratón. El agua que antes le llegaba a los tobillos, ahora era un lago en el que Etor pudo nadar entre las gigantescas piernas del duende, que echaba maldiciones. El atacante pivoteó en busca de su presa y daba pisotones al azar, intentando aplastar al escurridizo elfo. Esto creó un torbellino de olas que llevaron a Etor hasta atrás del duende, donde con toque experto recuperó su altura normal, igual a la de su enemigo, y hundió su espada en el costado del duende. La herida no fue mortal, pero la lucha continuó hasta que, con cuatro golpes de espada ganados con mucho esfuerzo, derribó finalmente a la odiosa criatura.

Otro contingente de duendes reemplazó a los que habían muerto y la batalla siguió arrasando. Etor y Alene peleaban espalda contra espalda para protegerse mutuamente del ataque, porque la lucha era ahora intensa, con duendes y elfos por todos lados. Los elfos desafortunados que caían bajo las hachas, e incluso si seguían vivos, eran descuartizados y devorados por sus atacantes. A algunos los llevaban al pantano. A medida que continuaba la batalla, el área se cubrió de cuerpos de duendes.

Por el rabillo del ojo, Etor vio que Alene se tropezaba. Giró hacia ella, queriendo dejar a su propio atacante para defenderla, pero Alene ya no estaba a la vista y, suponiendo que se había encogido para protegerse, volvió a enfrentar nuevamente a su enemigo. Detrás de la enorme figura de su oponente, vio un duende que iba hacia el pantano llevando a Alene, que colgaba inerme sobre su hombro. Horrorizado, Etor dejó de lado a su atacante para ir tras ella, pero un atenazador tironeo del brazo lo jaló hacia atrás. Giró en redondo y se preparó para atestarle un golpe a su atacante, pero quedó atónito al ver que la hoja levantada de su espada chocaba con la de Lamal. Era Lamal el que lo había tomado del brazo.

"¡Déjame ir! ¡Se han llevado a Alene!" Etor se retorció para soltarse, pero cayó al suelo cuando Lamal saltó sobre él y lo mantuvo sujeto en el barro.

"¡Está muerta! ¡No la puedes ayudar!" El rostro de Lamal se distorsionó mientras luchaba con su amigo. Myla se acercó para protegerlos y repeler a los duendes.

Enfurecido, Etor levantó con fuerza la rodilla para desplazar a Lamal. "¡Estará muerta si no me dejas ir!"

"¡Ya está muerta! ¡Yo vi el golpe que la decapitó! Estaba muerta antes de que el duende se la llevara. Lo siento, Etor. Está muerta." La desesperación en los ojos de Lamal llenó de pánico a Etor.

"No."

"No te impediría ir si aun estuviera viva. Yo sería el primero en acompañarte para ir a rescatarla."

Negándose a creer lo que le decía Lamar, Etor retomó su desesperado intento de liberarse. Iría tras ella aunque significara tener que matar a Lamal. Dos elfos más vinieron a sujetarlo. Que estos amigos no hicieran caso de sus súplicas enfureció todavía más a Etor. A pesar de sus movimientos desesperados, lo arrastraron de vuelta al lugar donde había peleado la mayor parte de la noche.

Lamal se agachó sobre los cuerpos de los duendes y dijo: "Lo siento, Etor." Allí, a los pies de Lamar, estaba la cabeza de Alene.

Ver la verdad desgarró a Etor con un dolor tan grande que le aplastaba el pecho. Un gemido escapó de sus labios que hubiera aniquilado la vida si hubiera dependido de Etor. No había razón para que el mundo continuara sin Alene.

◆

Etor estaba sentado en su carpa, mirando fijamente a nada en particular. La suave luz del sol se filtraba al interior y alumbraba la cama vacía de Alene. Era mediodía. Como los elfos son criaturas nocturnas, todo el campamento dormía en silencio.

Lamal y Myla se habían quedado despiertos con Etor hasta que ya no podían mantener abiertos los ojos y ahora dormían a un costado de la carpa. En la mente de Etor se repetían una y otra vez, con sonido hueco, fragmentos de las conversaciones de los últimos días.

"Ella seguiría viva si yo fuera mejor guerrero," acusó su propia voz.

"Sabes que eso no es verdad," lo había confrontado Lamal. "Ellos nos sobrepasaron, perdimos muchos compañeros."

"Ahora está más allá, en un lugar donde no existe la necesidad ni el dolor," le dijo otra amiga -- palabras que lo hubieran hecho enojar si no fuera porque vio sus ojos llenos de lágrimas. Ella había amado a Alene como a una hermana.

"¿Por qué se la llevaron a ella y no a mí?" Etor se atormentaba, sintiéndose culpable por el resentimiento que le provocaba que los que lo rodeaban estuvieran vivos y Alene no.

"Por lo menos no se le han comido viva." Uno de los guerreros más jóvenes había intentado ofrecer palabras de consuelo, pero los demás lo callaron con una mirada severa.

"Fue un golpe limpio el que se la llevó. Murió rápidamente."

"Todos la extrañaremos muchísimo."

"Lo lamento tanto."

"Era tan fuerte y tan llena de vida."

"Chiuld, Garn, y Baye también han partido." La pérdida de estos amigos añadía a un dolor que ya era agobiante.

"Lotar y Eglund han sido gravemente heridos y no hay esperanza de que sobrevivan."

"Havgan perdió un brazo. Norn perdió un ojo."

Los elfos enterraron a sus muertos en un gran monte funeral, con vehementes rememoraciones. A Etor la ceremonia le pareció interminablemente larga y excesivamente corta. Las elegías no podían captar ni una ínfima parte de la plenitud de las vidas perdidas.

Hubo abrazos y lágrimas, pero al final, solo Lamal y Myla se quedaron para acompañar a Etor en silencio.

◆

En los días siguientes, Etor conoció tanto la desamparada desolación como la poderosa furia. Vivían dentro de él como bestias luchando por predominar. Evitaba estar con gente y se quedaba solo, para evitar el tema de la muerte de Alene. Al mismo tiempo, no había otra cosa de la que hablar. La idea de tener que contarle a alguno que no supiera, marchitaba todo su ser. No encontraba la manera de decir las palabras en voz alta.

El enojo que tenía consigo mismo lo torturaba, y pensaba una y otra vez en las innumerables maneras en que podría haberla protegido del daño. "Si tan solo hubiera…" No había nada que le pudieran decir que lo disuadiera de sentir esa culpa.

Pasadas algunas noches, sus amigos le permitieron volver a la línea de sitio, solo después de que hubiera prometido que no iba a entregar voluntariamente su vida al hacha de algún duende. Él les aseguró que se comprometía a vengar la muerte de Alene, matando a todos los duendes que se le cruzaran por el camino. Y así lo hizo, sediento de venganza.

Pero su más profundo enojo estaba dirigido al Gran Rey, porque era inenarrable. Etor se imaginaba las caras de horror de los demás elfos si él expresara sus sentimientos.

"¿Por qué estamos aquí? ¿No es verdad que el Gran Rey podría haber destrozado al hechicero hace ya mucho tiempo? ¿Por qué deja que este sitio dure tanto tiempo? Un Rey al que realmente le importara su gente, ¿permitiría semejante matanza?"

Etor había pasado muchas horas en la presencia del Rey. Ahora se sentía un necio por haberle sido tan fiel. Etor ya no peleaba por el rey ni por su causa, fuere esta cual fuere. Peleaba solamente porque le daba cierta perversa satisfacción poder eviscerar a un duende. Pero la satisfacción duraba demasiado poco. Después de cada batalla, las frías garras del vacío y de la desolación volvían a aprisionar su alma.

Luchaba contra el vacío fantaseando con la idea de tomar el castillo y lanzar a la muerte al hechicero desde los muros de las almenas a la ribera rocosa, allá abajo. Pero sabía que aun después de terminado el sitio, Alene seguiría perdida para él.

Solo el Gran Rey, que conocía la magia más antigua y más profunda de la tierra, podía devolverle la vida a Alene. Eran muy pocos los que volvían del más allá. Igual, era la única esperanza de Etor.

Las carpas del Rey estaban montadas entre los campamentos humano y élfico. Etor se detuvo afuera por un rato, sintiendo el aire salino de la noche que le soplaba en la cara y mirando el movimiento de la gente adentro de las carpas iluminadas. El Rey estaba parado al lado de la gran mesa de guerra, examinando los mapas de batalla allí dispuestos. Resuelto a conseguir su pedido a cualquier precio, Etor entró y le pidió a un ayudante una audiencia privada con el Rey. Lo escoltaron hacia adentro sin hacerlo esperar y, viendo el rostro del Rey, se armó de valor para lo que tenía planeado hacer.

"Etor." El Rey lo saludó con tristeza. "La pérdida de Alene y de tantos otros en este sitio es un precio horrible. Tú y yo tenemos mucho de qué hablar esta noche." Etor venía con un solo propósito y no iba a perder tiempo.

"Tú tienes el poder para devolvérmela," dijo abruptamente. "Pídeme lo que quieras, y yo lo haré. Si hay algún cometido que otros hayan rechazado, alguna tarea a la que otros hayan rehuido por miedo... Solo prométeme que me darás a Alene, y yo seré tu esclavo de por vida y obedeceré todas tus órdenes."

El Rey pareció estremecerse. "Nunca he tenido esclavos. Los dones que doy son gratuitos."

"Entonces te ruego que la vuelvas a traer del más allá, porque no está bien que su vida haya terminado antes de tiempo."

"Alene podría haber vivido una larga vida contigo si no hubiera sido por la maldad del hechicero. Pero ahora que ya no está, es mejor dejar las cosas como están."

"Entonces mándame al más allá a mí también." Enfurecido por la frialdad de la denegación, Etor tomó la espada real de la pared de la carpa, donde colgaba envainada, y se la lanzó al Rey. Luego, desenvainando su propia espada, se abalanzó sobre el Rey, pensando obligar al soberano a matarlo en defensa propia. Pero el Rey deliberadamente soltó la espada real y se quedó esperando el ataque de Etor.

Enfurecido, Etor blandió su espada con toda su fuerza. De alguna manera, el filo alcanzó al Rey en la palma de la mano y, sosteniéndolo mientras la sangre goteaba hasta la muñeca, el soberano jaló de la espada hacia adelante, hasta que Etor cayó sobre él. Lo sostuvo a Etor contra el pecho sin oponer resistencia, aun cuando el guerrero le seguía dando golpes y puñetazos. Finalmente, la rabia de Etor se deshizo en lágrimas de furia. La desolación lo embargó. Sollozó convulsivamente en los brazos del Gran Rey.

Sintió que se iba a ahogar en una hemorragia de emoción. El dolor era un interminable y oscuro mar agitado, de horroroso oleaje. La agonía lo aplastaba. Después de una inclemente eternidad, lo invadió un tremendo cansancio, como si lo hubieran arrojado a una árida orilla, sintiendo solo un gran vacío. El Rey seguía sosteniéndolo. Avergonzado y agotado, Etor intentó recomponerse y se apartó.

"Perdóname." Vio la sangre seca en la mano del Rey. "Soy un guerrero de lo más indigno."

"No hay deshonra en el duelo. Es el más difícil de todos viajes, con muchas duras batallas en el camino. Todos los que emprenden el viaje del duelo son valientes."

"Yo no elegí este camino," dijo Etor.

"Nadie lo elige. Pero muchos piensan que pueden evitar el dolor oponiendo resistencia al comienzo del camino. Pero en realidad solo logran prolongar el sufrimiento."

"¿Qué razón existe para emprender el viaje? ¿Encontraré en el camino un bálsamo que cure mi angustia?"

"No existe ungüento lo suficientemente fuerte como para curar una herida tan profunda como la tuya," respondió el Rey con tristeza. "Solo encontrarás sanación siguiendo el dolor hasta el final del camino. No hay otra manera."

"Entonces no hay sanación. Dado que mi amor por Alene nunca se terminará, tampoco terminará el dolor. No buscaré consuelo si eso la borra de mi memoria."

"Te aseguro que nunca perderás el amor que le tienes, ni su recuerdo. Pero con el tiempo, con mucho tiempo, los recuerdos de Alene serán agradables más veces de lo que son dolorosos."

"No creo que eso sea posible. El odio es la única cosa que me alivia el dolor. No siento nada más."

"El odio solo trae más muerte, no sanación. Deshonras a Alene si cargas su cuerpo a todos lados, en lugar de enterrarla. Recuerda su vida, no su muerte. Batalla por aquellos a los que amas, no para matar a aquellos a los que odias. Te prometo que el sitio está llegando a su fin y el hechicero pronto será vencido."

Hablaron largo y tendido durante la noche hasta que la madrugada de a poco fue tiñendo las nubes de dorado. En la distancia, el castillo del hechicero se elevaba sombríamente, mientras los guerreros élficos y humanos intercambiaban puestos en la vigilia de la línea de sitio del pantano.

Reflexión Personal

Las partes de la parábola que me conmovieron son...

Cuando leí estas partes sentí...

Situaciones parecidas en mi vida son...

LA BATALLA DEL PANTANO

El guerrero élfico ya no quería vivir más, porque el dolor que sentía era tan insoportable. Si tú estás teniendo pensamientos de acabar con tu vida, por favor no te hagas daño. Hay consejeros profesionales que están disponibles las 24 horas al día para hablar contigo en el servicio de prevención del suicidio de tu país. Es posible atravesar el duelo para llegar a un lugar de dolor emocional menos intenso.

Un libro de trabajo muy práctico es *The Grief Recovery Handbook* de John W. James y Russell Friedman. El duelo no se produce solo cuando muere un ser querido. Son las emociones que sentimos ante diferentes tipos de pérdida: una relación, un trabajo o seguridad financiera, pérdida de la salud, darnos cuenta de la pérdida de no haber tenido una infancia feliz, la pérdida del respeto que alguna vez tuvimos, o la pérdida de un sueño que teníamos para nuestra vida.

Puede pasar que las personas que te aman no sepan cómo escuchar tu dolor. Puedes sentirte muy solo(a). Reunirte con otras personas que están atravesando un duelo te ayuda a seguir adelante. Existen grupos de apoyo como Griefshare, que se reúnen en iglesias en muchas ciudades y países. Puedes visitar su sitio en *griefshare.org/findagroup*

Durante el duelo, más que en cualquier otro momento, lidiamos con pregunta acerca de si a nuestro Poder Superior le importamos, o si existe. Como Etor, puede ser que ataquemos a Dios por nuestro dolor y nuestra desesperada ira. Dios no nos castiga por ser honesto con él. Él es lo suficientemente fuerte como para recibir nuestro enojo. El Gran Rey lo sostuvo a Etor hasta que el guerrero dejó de golpearlo y pudo llorar en sus brazos. En este espacio, dile a tu Poder Superior cómo te sientes.

Me sentí abandonado(a) por ti cuando…

Me siento tan enojado(a) (o dolido(a)) contigo porque…

Me gustaría que tú…

LA MALDICIÓN

"Mi Rey, ¿por qué no atacas el castillo y terminas ya con todo? El sitio se ha prolongado ya demasiado en el tiempo." El comandante del ejército hablaba cándidamente, en la privacidad de la carpa del Gran Rey. Solo estaban presentes él y el gran señor a cargo de los guerreros élficos.

"Desde el principio, he dicho que mi meta era ver que el hechicero se rindiera, no verlo muerto," dijo el Gran Rey.

"Yo creo que no sirve para nada." El gran señor de los elfos estuvo de acuerdo con el comandante humano. "Yo lo mataría sin pensarlo dos veces. Y feliz será el día cuando haya muerto hasta el último de los duendes."

El Rey frunció los labios. "Hasta los duendes pueden aprender a vivir en paz, mis amigos. Muchos han venido a nosotros, incluso antes del sitio, agradecidos de haber encontrado un lugar seguro, lejos del reinado del hechicero. Un día, los demás también se unirán a nosotros en una alianza contra el dragón."

El comandante exhaló, exasperado y dubitativo. "No me puedo imaginar algo así, y mucho menos lo veo al hechicero como un sujeto leal. ¡Él ha prometido morir antes de arrodillarse ante ti!"

"Llegará el tiempo, pero no será fácil," dijo el Rey con una pesadumbre tan inusual en la voz que el comandante lo miró preocupado.

"Recuerda," dijo el Rey, mirando a los ojos al comandante, "no importa qué tan oscuras parezcan las cosas en estos días que vienen, nunca pierdas la esperanza."

Como ya habían hecho en muchas ocasiones, los dos acompañaron al Rey a caballo hasta a la línea de sitio, al borde del pantano. Guerreros tanto humanos como élficos se reunían, porque el Rey hoy le hablaría al hechicero. El oscuro mago estaba parado en las almenas del castillo, rodeado de sus fornidos duendes.

Con carisma ardiente, el hechicero lanzaba sus burlas al Rey. "¿Pondrás fin al sitio hoy, tomando por asalto el castillo, Gran Rey? Eso es lo que tus ejércitos piden a gritos. Se lamen los labios imaginando el sabor de mi muerte, y creen que eso les daría la victoria. Pero tú y yo sabemos la verdad. Mi muerte en realidad no terminará el conflicto. El poder de mi señor el dragón llena el aire; todos ustedes han inhalado las esporas de su aliento. Incluso antes de que dejaras tu tierra, tu gente y hasta este mismo ejército ya estaban infectados, Gran Rey, con una enfermedad que ningún medico puede curar. Si me matas a mí, algún otro se alzará para reemplazarme en dirigir la rebelión contra ti. Tal vez hasta sea alguno de los caballeros en quien más confías. Quizás incluso tu comandante o tu lacayo señor élfico te traicionarán y buscarán el socorro del dragón. Al final, nadie podrá permanecerte fiel. No importa qué tan firme sea su intención, van a sucumbir."

Sin poder contenerse, con furia, el comandante levantó la espada sobre el hechicero. "¡Tu arrogancia solo es superada por tus mentiras! ¿Vas a seguir poniendo a prueba la misericordia del Rey, esa misericordia que te ha extendido a pesar de tu indignidad? Ordena a tu ejército que deponga las armas y se entregue al Rey, antes de que él retire su gracia."

La boca del hechicero se estiró en una mueca burlona. "Eres un necio. Poderoso como eres, podrías ejercer dominio sobre diez reinos, pero le sirves al Rey. ¿No hubieras tú manejado mejor toda esta campaña, desde el principio? ¿No hubieras sido más minucioso que el Gran Rey en masacrar a mis guerreros y en bloquearnos para que nunca hubiéramos llegado a esta fortaleza? Ahora mismo quisieras desoír la orden del Rey que te impide avanzar y atacar estos muros. ¿Por qué lo sigues cuando su forma de hacer las cosas ya no tiene sentido para ti?"

"¿Hasta cuándo vas a permitir que continúe esta diatriba, mi Rey?" El comandante giró hacia el Rey. "Su lengua retuerce la verdad con la mentira y crea una cuerda como para ahorcarnos. ¡Da la orden y déjame silenciarlo para siempre!" Así como un padre que, calmo, calla a un niño, el Rey levantó una mano.

"Puede que ganes este sitio, Gran Rey," gritó el hechicero. "Pero la batalla final no la podrás ganar. El dragón prevalecerá, porque servirle a él es servirnos a nosotros mismos."

Sentado sobre su inquieto corcel, el Rey miró hacia arriba y le gritó al hechicero. "Veamos quién tiene la magia más fuerte, tú o yo. Enfrentémonos los dos solos, cara a cara."

El hechicero rio. "¿Crees que soy tan necio como para morder el anzuelo de semejante ardid? No dejaré que me atraigas con engaños para salir de estos muros. Cualquiera fuera tu decreto, tu abigarrada horda no se quedaría quieta si yo pusiera un pie fuera de este castillo. Hasta te pasarían por encima a ti, su Rey, en su apuro por llegar a mí y matarme."

"Si no confías en mí para encontrarnos fuera del portón," dijo el Rey, "entonces permíteme entrar al castillo, solo."

"¡Mi Señor, no!" exclamó el comandante, y lo acompañó un clamor que venía de las tropas del Rey. Una vez más, el Rey levantó una mano para llamar a silencio.

En el muro de la almena, el rostro del hechicero mostraba que estaba intrigado pero contento. "Si el Gran Rey quiere visitarme dentro de mis muros, ¿quién soy yo para negarle ese privilegio?"

"¡Señor, no me digas que piensas hacer esto!" imploró el comandante del ejército.

"Volveré dentro de un día," respondió el Rey. "Hasta entonces, mantén el sitio. No tomen por asalto el castillo."

"¡No puedes ir ahí! ¡Es algo que no tiene razón ni sentido!" El señor de los elfos estaba fuera de sí.

"Aquello que lleva el poder más grande quizás no siempre parezca tener sentido," dijo el Rey sombríamente.

El comandante tenía toda la intención de refrenarlo físicamente, pero se encontró con que no se podía mover, mientras el Gran Rey cabalgaba lentamente hacia el puente levadizo del castillo, que había sido bajado. Vio, horrorizado, que el Rey traspasaba las rejas. El pesado puente levadizo produjo un fuerte ruido seco al cerrarse, ocultando al Rey de la vista de todos. Recién entonces el comandante fue liberado de aquello que lo mantenía inmóvil.

Agitado y confundido, el ejército del Rey esperó, tenso, mientras la caída del sol traía consigo un anochecer intensamente frío. A la noche llegó el dragón, planeando sobre la línea de sitio para encaramarse sobre una torre del castillo. Se oía el barullo de estridentes duendes proveniente del interior de la fortaleza. Las fogatas encendidas en el patio proyectaban una luz titilante anaranjada sobre la panza, el mentón y el cuello serpenteante del dragón, quien vigilaba atentamente todo lo que ocurría debajo de él. Cada tanto, el dragón batía las alas y rugía con deleite, emitiendo llamas por las fosas nasales.

Durante toda la noche, el comandante y señor élfico se debatieron angustiados sobre si debían esperar, tal como se les había ordenado. ¿Pondrían en riesgo la seguridad del Rey si tomaban por asalto el castillo o, por el contrario, la reforzarían? Al amanecer, dieron la orden de atacar.

Desatado después de tantos largos meses de restricción, el ejército del Rey rápidamente aniquiló a los duendes que protegían las almenas externas. Los guerreros del Rey treparon los muros, abrieron las rejas y bajaron el puente levadizo para que entrara el ejército. Fueron recibidos por una arremetida de los duendes. El dragón se unió a la pelea, planeando sobre las facciones beligerantes, para prenderles fuego y prender a los más desafortunados. A la bestia parecía importarle poco si causaba estragos entre los duendes también. Cazaba para llenarse la panza y luego regresaba para sentarse tranquilamente sobre la torre este, como si la batalla lo entretuviera.

Extrañamente, el hechicero no apareció en ningún momento para burlarse de los atacantes o para incitar al frenesí a su propio ejército. Tampoco había aparecido el Rey. Algo andaba mal en el castillo. Aunque el comandante no podía determinar qué era, en su alma sabía que algo andaba muy mal.

Para que cayera la fortaleza, era necesario tomar cada uno de los cuatro patios internos del lúgubre castillo. Después de haber peleado todo el día en un clima gélido, el comandante y sus mejores caballeros irrumpieron en el tercer patio y continuaron dando batalla contra los duendes.

Dentro de ese enclave, el horror que vieron los ojos del comandante fue más de lo que pudo soportar. El aturdido señor de los elfos y sus caballeros lo defendieron mientras se trepaba a una plataforma, donde un simulacro de trono exhibía el cuerpo del Gran Rey, desplomado y desfigurado.

Tragando lágrimas de rabia y de dolor, el comandante cayó de rodillas ante su soberano.

La voz petulante del dragón retumbó bajo y fuerte desde su posición elevada en la torre. "Nos divertimos mucho matándolo anoche mientras ustedes no hacían nada. ¡Son necios, como lo fue su Rey! Solo me he quedado aquí para deleitarme en ver sus caras cuando lo encontraran." El dragón arqueó las alas triunfalmente. "No me importa si toman este castillo o no. Yo he ganado." Se lanzó al cielo y voló hasta desaparecer de vista.

El comandante, rugiendo como una bestia, saltó de la plataforma para volver a la refriega junto a sus caballeros. Ellos iban atestando golpes de machete y espada, con un odio que los consumía, y los cuerpos de los duendes iban cayendo y apilándose a su alrededor. Los pocos que quedaban rogaban por sus vidas: "Prometan que nos dejarán con vida, y los llevaremos adonde está el hechicero."

El comandante asintió. Él y sus guerreros siguieron a los duendes hasta la torre y luego por una escalera circular de piedra. Al llegar arriba, vieron al hechicero tirado en el piso embaldosado, inconsciente.

Un duende lo miraba, asqueado. "Está vivo. Ha estado ahí echado todo el día, como desmayado. Pensamos que sin duda estaría en algún tipo de oscuro trance, entregando su poder para la defensa del castillo. Pero a nosotros no nos sirve para nada."

El señor élfico se paró al lado del comandante y le suplicó: "Concédeme el honor de cortarle el cuello, y te daré la mitad de mis riquezas." Amarró toscamente las manos del hechicero, por si llegara a despertar.

"Todavía no." El comandante miraba fijamente el rostro inconsciente del hechicero tan odiado. "Lo vamos a ejecutar lentamente en la almena de la torre, a la vista de todos los que siguen luchando en el cuarto patio. Servirá para motivar a nuestros guerreros y para desanimar a los malditos duendes."

Lo arrastraron hasta el pasadizo circular que llevaba a la almena de la torre. Pasando una cuerda por el pecho y debajo de los brazos del hechicero, alzaron su cuerpo inconsciente para colgarlo de una almena. Con un fuerte toque de trompeta, los caballeros hicieron notar su presencia y la de su prisionero.

"Oigan, duendes," anunció el comandante. "Su líder está en nuestras manos. Lo acabaremos delante de sus ojos. Depongan sus armas ahora, o sufrirán el mismo destino que él. Ríndanse, y vivirán." El comandante cacheteó la cara del hechicero, intentando despertarlo. Anhelaba fervientemente que estuviera consciente para sufrir cada tajo en su cuerpo, pero fue en vano. No lo pudieron despertar.

El comandante levantó la espada, saboreando la anticipación de asestar el primer golpe. Maldijo cuando una explosión de luz enceguecedora casi lo tiró al piso.

Desde la torre este, una figura brillante caminaba por la almena. El comandante parpadeó, intentando ver con más claridad, y luego volvió a mirar, incrédulo, a la persona que caminaba hacia ellos.

"¡Esto debe ser algún tipo de trampa del hechicero, sin duda!" exclamó el señor de los elfos.

"No. ¡Es el Gran Rey!" El comandante alcanzó al Rey y lo abrazó con fuerza. Un clamor surgió del ejército que observaba, mientras el Gran Rey abrazaba y saludaba a los caballeros que estaban en la almena. Los duendes bajaron las armas para mirar, asombrados e incrédulos, al Gran Rey cuya muerte habían presenciado.

"Señor, usa mi espada para acabar con el hechicero." El comandante hizo el ofrecimiento, viendo que el Rey no llevaba arma alguna.

"No habrá ejecución," respondió el Rey. "El hechicero ya no es un enemigo. Después de haber agotado en mí toda su ira y de haber pensado que había ganado, finalmente pudo reconocer quién era su verdadero enemigo. No ha sido afectado por un trance, sino por el profundo dolor que le ha provocado ver en quién se ha convertido. Así que comienza su restauración."

"¡No me digas que tienes intención de perdonarlo!" protestó el comandante.

"La maldición del dragón ahora está rota para todos," anunció el Rey. "No habrá ejecución. ¿No se han hartado ya de la muerte?"

Los guerreros asintieron lentamente, mientras luchaban por renunciar al anhelo de ver la sangre del hechicero. El Gran Rey caminó hasta donde estaba el hechicero inconsciente, lo bajó y lo acostó a sus pies. Luego se arrodilló para aflojarle las cuerdas de las muñecas.

"Cuando despierte, hay mucho que deberá aprender sobre la restitución y sobre cómo vivir con integridad. Pero si cada día elige la verdad por sobre el poder, llegará a hacer más bien que todo el mal que hizo en el pasado."

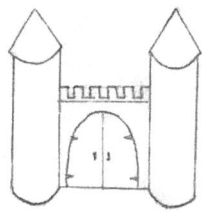

Reflexión Personal

Las partes de la parábola que me conmovieron son...

Cuando leí estas partes sentí...

Situaciones parecidas en mi vida son...

EL VIAJE CONTINÚA
Tejiendo tu propia historia

Escribe una parábola mágica acerca de tu vida. No te preocupes por la ortografía ni por la gramática. Deja que tu imaginación fluya. ¿Eres un príncipe, un elfo, o una de las hadas? ¿Cómo era en la tierra en la que te criaron? ¿Hubo maldad en tu niñez, provocada por un duende, una bruja malvada, o un dragón? ¿Cuáles han sido los mayores obstáculos en tu crecimiento personal?

¿Qué es lo que has estado buscando para tu vida? Incluye un final que explique la resolución de tu búsqueda, aunque todavía no hayas experimentado ese final.

Había una vez . . .

PARABOLAS PARA EL CRECIMIENTO PERSONAL

EL VIAJE CONTINÚA

APÉNDICE 1

Exploraciones grupales con las parábolas

Las parábolas se pueden utilizar para introducir un cambio de ritmo en un grupo de apoyo o un grupo de terapia. O se puede formar un grupo específicamente para el crecimiento personal, analizando todas las parábolas.

Sugerencias grupales

1 a 1 ½ horas

1. Leer juntos una parábola para que la experiencia de la lectura sea reciente.

Aunque los participantes hayan leído la parábola antes de la reunión, es mejor dedicarle un tiempo a experimentar la parábola, al principio de cada reunión. Así, los sentimientos están más frescos para la interacción.

Hazles saber a los participantes que vas a dedicar un tiempo de diez minutos al principio, para que lean la parábola y procesen sus reflexiones. Es agradable tener música de fondo para este tiempo. Dedica más o menos tiempo, según sea necesario.

Como alternativa, alguien puede leer la parábola en voz alta, y luego dejar que cada individuo procese y reflexione en silencio antes de compartir con el grupo.

2. Compartiendo con el grupo

Si en el grupo hay más de diez personas, se lo puede subdividir en grupos más pequeños, de cinco personas o menos, para que todos tengan tiempo para compartir si quieren. Cuanto más escuchamos a otros, más aprendemos de nosotros mismos.

Aclarar con los participantes

- Nadie tiene que compartir si no quiere.
- Por favor, limitar los comentarios u observaciones a la experiencia personal.
- Brindar apoyo a los demás, sin dar consejos.
- Tratar de no criticar o defender a otros miembros del grupo.
- Lo que se escucha en la reunión sobre las vidas personales de los demás debe quedar allí.

3. Opciones
Juego de roles

Se puede pedir voluntarios para actuar una porción de la parábola durante uno o dos minutos. No hace falta el diálogo para esto. Algunos ejemplos:

- El dragón – Los campesinos señalan con dedos acusadores al príncipe.
- La dama de compañía – Una mujer les sirve la comida a los invitados exigentes sentados a su mesa, pero no se toma tiempo para sentarse y comer.
- El vuelo del dragón – El príncipe se para en la ventana, decidiendo entre el dragón que está afuera y el Gran Rey que está a la puerta.

Después, los voluntarios pueden compartir cómo se sintieron durante el juego de roles, y los demás miembros del grupo pueden hablar de cómo se sintieron al verlo.

APÉNDICE 1

Ejemplo de anuncio grupal

Grupo de crecimiento personal
19 Semanas

Vamos a estar emprendiendo un viaje interno con el libro Parábolas para el crecimiento personal. Los temas explorados incluyen el comportamiento autodestructivo, la codependencia, el trabajo con el niño interior, los límites, la depresión, el autoconcepto, la perdida de la niñez, la recuperación del abuso infantil, las interacciones en una familia disfuncional, los miedos, la ansiedad, la victimización por grupos no saludables, el perdón, la pérdida y el duelo.

Las parábolas transcurren en un dominio mítico, no muy lejano a tus propias luchas internas.

Un príncipe que cae bajo la influencia de un dragón destructivo te permite sentir el proceso de recuperación del comportamiento autodestructivo. En otra parábola, un espejo embrujado engaña a una princesa y le hace creer que es grotesca, hasta que ella finalmente descubre su verdadera identidad.

Estas parábolas nos ayudan a ver nuestras heridas y a aceptar la verdad sanadora para cada situación. Cada semana discutiremos una parábola, exploraremos esa lucha en nuestras propias vidas, y nos apoyaremos mutuamente en el camino hacia adelante.

Lugar: _____ Hora: _____ Fechas: _____

Coordinador(es) del grupo: _____

Contacto: _____

Para un grupo de seis o diez semanas, se puede modificar la descripción para que se centre en las parábolas que se van a usar.

APÉNDICE 2

Los doce pasos de la recuperación

1. Admitimos que éramos impotentes ante personas, sustancias, y cosas, que nuestras vidas se habían vuelto ingobernables.
2. Llegamos a creer que un Poder superior a nosotros mismos podría devolvernos el sano juicio.
3. Decidimos poner nuestras voluntades y nuestras vidas al cuidado de Dios.
4. Sin miedo hicimos un minucioso inventario moral de nosotros mismos.
5. Admitimos ante Dios, ante nosotros mismos, y ante otro ser humano, la naturaleza exacta de nuestros defectos.
6. Estuvimos enteramente dispuestos a dejar que Dios nos liberase de todos estos defectos de carácter.
7. Humildemente le pedimos que nos liberase de nuestros defectos.
8. Hicimos una lista de todas aquellas personas a quienes habíamos ofendido y estuvimos dispuestos a reparar el daño que les causamos.
9. Reparamos directamente a cuantos nos fue posible el daño causado, excepto cuando el hacerlo implicaba perjuicio para ellos o para otros.
10. Continuamos haciendo nuestro inventario personal y cuando nos equivocábamos lo admitíamos inmediatamente.
11. Buscamos a través de la oración y la meditación mejorar nuestro contacto consciente con Dios, pidiéndole solamente que nos dejase conocer su voluntad para con nosotros y nos diese la fortaleza para cumplirla.
12. Habiendo obtenido un despertar espiritual como resultado de estos pasos, tratamos de llevar este mensaje a otros alcohólicos y de practicar estos principios en todos nuestros asuntos.

Los doce pasos de Alcohólicos Anónimos

1. Admitimos que éramos impotentes ante el alcohol, que nuestras vidas se habían vuelto ingobernables.
2. Llegamos a creer que un Poder superior a nosotros mismos podría devolvernos el sano juicio.
3. Decidimos poner nuestras voluntades y nuestras vidas al cuidado de Dios, como nosotros lo concebimos.
4. Sin miedo hicimos un minucioso inventario moral de nosotros mismos.
5. Admitimos ante Dios, ante nosotros mismos, y ante otro ser humano, la naturaleza exacta de nuestros defectos.
6. Estuvimos enteramente dispuestos a dejar que Dios nos liberase de todos estos defectos de carácter.
7. Humildemente le pedimos que nos liberase de nuestros defectos.
8. Hicimos una lista de todas aquellas personas a quienes habíamos ofendido y estuvimos dispuestos a reparar el daño que les causamos.
9. Reparamos directamente a cuantos nos fue posible el daño causado, excepto cuando el hacerlo implicaba perjuicio para ellos o para otros.
10. Continuamos haciendo nuestro inventario personal y cuando nos equivocábamos lo admitíamos inmediatamente.
11. Buscamos a través de la oración y la meditación mejorar nuestro contacto consciente con Dios, como nosotros lo concebimos, pidiéndole solamente que nos dejase conocer su voluntad para con nosotros y nos diese la fortaleza para cumplirla.
12. Habiendo obtenido un despertar espiritual como resultado de estos pasos, tratamos de llevar este mensaje a otros alcohólicos y de practicar estos principios en todos nuestros asuntos.

Los Doce Pasos se reproducen con permiso de Alcoholics Anonymous World Services, Inc.

* El permiso para reproducir o adaptar este material no significa que AA haya revisado o aprobado el contenido de esta publicación, ni que AA esté de acuerdo con los puntos de vista expresados en ella. AA es un programa para la recuperación del alcoholismo solamente —el uso de los Doce Pasos en conexión con programas o actividades que siguen el modelo de AA pero que se refieren a otros problemas, no implica lo contrario.

RECURSOS RECOMENDADOS

Alcoholics Anonymous World Services, Inc., Twelve Steps and Twelve Traditions (New York City: 1978)

Beattie, Melody, Codependent No More. (Center City, MN: Hazelden, 1986).

Beattie, Melody, Beyond Codependency. (Center City, MN: Hazelden, 1989).

Carnes, Patrick, Ph.D., A Gentle Path Through the Twelve Steps: For all People in the Process of Recovery. (Center City, MN: Hazelden, 2012).

James, John W., and Friedman, Russell, The Grief Recovery Handbook: The Action Program for Moving Beyond Death, Divorce, and Other Losses. 2oth Anniversary Expanded Edition. (New York: HarperCollins, 2009).

Maltz, Wendy, The Sexual Healing Journey: A Guide for Survivors of Sexual Abuse 3rd Edition. (New York: William Morrow, 2012).

Pollard, John K., Self Parenting: The Complete Guide to Your Inner Conversations. (Generic Human Studies Publishing, 2018).

Schiraldi, Glenn R., The Adverse Childhood Experiences Recovery Workbook. (Oakland, CA: New Harbinger, 2021).

Weekes, Claire, Dr., Hope and Help for Your Nerves: End Anxiety Now.

(New York: Signet, 1990).

SOBRE LA AUTORA

Melinda Reinicke, PsyD es psicóloga licenciada y co-directora de Reinicke Counseling Associates en San Diego, CA.

www.RCAcounseling.com

Membresías y certificaciones profesionales:

California Psychological Association

American Association for Marriage & Family Therapy California Psychologist PSY11011

Level I and II Training in EMDR for trauma resolution

www.ParablesForPersonalGrowth.com
Por favor visite nuestro sitio web para leer noticias actualizadas sobre traducciones del libro, reflexiones para explorar y recursos adicionales.

RECONOCIMIENTOS

Gracias a

Esly Carvalho, Ph.D., por su amor por el libro y su energía incansable en la publicación de una edición revisada y de las traducciones.

Aaron, mi hermoso y tierno príncipe con quien siempre voy a querer vivir feliz.

Mis clientes, viajeros valientes, quienes me han permitido caminar junto a ellos cuando sus caminos eran difíciles.

Mis muchos amigos queridos, por sus oraciones por la nueva edición de este libro. Y especialmente a Kim Ruby, mujer guerrera.

Principalmente, al Gran Rey, quien me ayuda en la lucha contra los dragones, duendes y ogros en mi vida. Su reino es realmente un lugar maravilloso.

MAS LIBROS DE LA TRAUMACLINIC EDIÇOES

Libros en Kindle/libro electrónico también disponibles en el sitio
www.amazon.com

www.ingramcontent.com/pod-product-compliance
Lightning Source LLC
Chambersburg PA
CBHW021155160426
43194CB00007B/756